# ESQUISSE
# D'UNE MORALE
### SANS OBLIGATION NI SANCTION

OUVRAGES DU MÊME AUTEUR

La morale d'Épicure et ses rapports avec les doctrines contemporaines. (Ouvrage couronné par l'Académie des Sciences morales.) 2ᵉ *édition*. 1 vol. in-8. (F. Alcan.)...................... 6 50

La morale anglaise contemporaine (Bentham, Owen, Stuart Mill, Grote. Bain, Darwin, Herbert Spencer, Sidgwick, Clifford, Leslie Stephen.) 2ᵉ *édition*, augmentée. 1 fort vol. in-8. (F. Alcan.)............ 7 50

Vers d'un philosophe. 1 vol. in-12. (F. Alcan.)................. 3 50

Les problèmes de l'esthétique contemporaine. 1 vol. in-8...... 5 »

Étude sur la philosophie d'Épictète et traduction du Manuel d'Épictète. 1 vol. in-12. (Delagrave.).................................. 2 50

# ESQUISSE

# D'UNE MORALE

## SANS OBLIGATION NI SANCTION

PAR

M. GUYAU

PARIS

ANCIENNE LIBRAIRIE GERMER BAILLIÈRE ET C<sup>ie</sup>
FÉLIX ALCAN, ÉDITEUR
108, BOULEVARD SAINT-GERMAIN, 108

1885

# INTRODUCTION

Un penseur ingénieux a dit que le but de l'éducation était de donner à l'homme le « préjugé du bien[1]. » Cette parole fait ressortir quel est le fondement de la morale vulgaire. Pour le philosophe, au contraire, il ne doit pas y avoir dans la conduite un seul élément dont la pensée ne cherche à se rendre compte, une obligation qui ne s'explique pas, un devoir qui ne donne pas ses raisons.

Nous nous proposons donc d'esquisser une morale où aucun « préjugé » n'aurait aucune part. Si la plupart des philosophes, même ceux des écoles utilitaire, évolutionniste et positiviste, n'ont pas pleinement réussi dans cette tâche, c'est qu'ils ont voulu donner leur morale rationnelle comme à peu près adéquate à la morale ordinaire, comme ayant même étendue, comme étant presque aussi impérative dans ses préceptes. Cela n'est pas possible. Lorsque la science a renversé les dogmes des diverses religions, elle n'a pas prétendu les remplacer ni fournir immédiatement un objet précis, un aliment

[1]. Vinet.

défini au besoin religieux ; sa situation à l'égard de la morale est la même qu'en face de la religion. Rien n'indique qu'une morale vraiment scientifique, c'est-à-dire uniquement fondée sur ce qu'on *sait*, doive coïncider avec la morale ordinaire, composée de choses qu'on *préjuge*. Pour faire coïncider ces deux morales, les Bentham et leurs successeurs ont trop souvent violenté les faits ; ils ont eu tort. On peut très bien concevoir que la sphère de la démonstration *intellectuelle* n'égale pas en étendue la sphère de l'action *morale*, et qu'il y ait des cas où une règle rationnelle puisse venir à manquer. Jusqu'ici, dans les cas de ce genre, la coutume et l'instinct ont conduit l'homme ; on peut les suivre encore à l'avenir, pourvu qu'on sache bien ce qu'on fait et qu'on ne croie pas, en les suivant, obéir à quelque obligation mystique.

On n'ébranle pas la vérité d'une science, par exemple de la science morale, en montrant que son objet est restreint. Au contraire, restreindre une science, c'est souvent lui donner un plus grand caractère de certitude : la chimie n'est qu'une alchimie restreinte aux faits observables. De même nous croyons que la morale vraiment scientifique doit ne pas prétendre tout embrasser, et que, loin de vouloir exagérer l'étendue de son domaine, elle doit travailler elle-même à le délimiter. Il faut qu'elle consente à dire franchement : dans tel cas je ne puis rien vous *prescrire;* plus d'obligation ni de sanction; consultez vos instincts, vos sympathies, vos répugnances ; faites des hypothèses métaphysiques sur le fond des choses, sur la destinée des êtres et la vôtre propre ; vous êtes abandonnés, à partir de ce point précis, à votre « self-government. » — C'est la liberté en morale, consistant non dans l'absence de tout règlement, mais dans l'abstention du règlement toutes les fois qu'il ne peut se justifier avec une suffisante rigueur. Lorsqu'on gravit une montagne, il arrive qu'à un certain moment on est enveloppé dans des nuages qui cachent le sommet, on est perdu dans l'obscurité. Ainsi en est-il sur les hauteurs de la pensée : une partie de la morale peut être à jamais cachée dans les nuages ; mais il faut qu'elle ait du moins une base solide et qu'on sache avec précision le point où l'homme doit se résigner à entrer dans le nuage [1].

[1]. Parmi les travaux récents sur la morale, les trois qui, à divers titres, nous ont paru les plus importants sont : en Angleterre, les *Data of Ethics*, de M. Herbert Spencer ; en Allemagne, la *Phénoménologie de la conscience morale*, de M. de Hartmann ; en France, la *Critique des systèmes de morale contemporains*, de M. Alfred Fouillée. Deux points nous semblent ressortir à la fois de la lecture de ces ouvrages d'inspiration si différente : d'une part, la morale naturaliste et positive ne fournit pas de principes invariables, soit en fait d'obligation, soit en fait de sanction ; d'autre part, si la morale idéaliste peut en fournir, c'est à titre purement hypothétique. En d'autres termes, ce qui est de l'ordre des faits n'est point universel ; et ce qui est universel est une hypothèse spéculative. Il en résulte que l'impératif absolu disparaît des deux côtés. Nous acceptons pour notre propre compte cette disparition, et au lieu de regretter la variabilité morale qui en résulte, nous la considérons au contraire comme la caractéristique de la morale future ; celle-ci, sur une foule de points, ne sera pas seulement αὐτόνομος, mais ἄνομος. Contrairement aux spéculations transcendantes de M. de Hartmann sur la folie du vouloir-vivre et sur le nirvâna imposé par la raison comme *devoir* logique, nous admettons avec M. Spencer que la conduite a pour mobile la *vie* la plus intense, la plus large, la plus variée. D'autre part, avec l'auteur de la *Critique des systèmes de morale contemporains*, nous reconnaissons que l'école anglaise et l'école positiviste, qui admettent un *inconnaissable*, ont eu tort de proscrire toute hypothèse individuelle à ce sujet ; mais nous ne pensons pas que l'inconnaissable puisse fournir un « principe pratiquement limitatif et restrictif de la conduite, » principe de justice qui serait comme un intermédiaire entre l'impératif catégorique de Kant et

la libre hypothèse métaphysique. Les seuls « équivalents » ou « substituts » admissibles du devoir nous semblent être : 1° la conscience de notre *pouvoir* intérieur, à laquelle nous verrons se réduire pratiquement le devoir ; 2° l'influence mécanique exercée par les *idées* sur les actions ; 3° la fusion croissante des *sensibilités* et le caractère toujours plus social de nos plaisirs ou de nos douleurs ; 4° l'amour du *risque* dans l'action, dont nous montrerons l'importance jusqu'ici méconnue ; 5° l'amour de l'hypothèse métaphysique, qui est une sorte de *risque dans la pensée*. Ces divers mobiles réunis sont pour nous tout ce qu'une morale fondée sur les faits peut mettre à la place de l'ancienne obligation catégorique. Quant à la *sanction morale* proprement dite, distincte des sanctions sociales, on verra que nous la supprimons purement et simplement, parce qu'elle est au fond *immorale*.

# LIVRE PREMIER

## DU MOBILE MORAL AU POINT DE VUE SCIENTIFIQUE

# ESQUISSE D'UNE MORALE
## SANS OBLIGATION NI SANCTION

## LIVRE PREMIER

### DU MOBILE MORAL AU POINT DE VUE SCIENTIFIQUE

### CHAPITRE PREMIER

**L'intensité de la vie est le mobile de l'action.**

Une morale fondée sur des faits ne peut présenter à l'individu pour premier mobile d'action le bien ou le bonheur de la *société*, car le bonheur de la société est souvent en opposition avec celui de l'individu. Dans ces cas d'opposition, le bonheur social, comme tel, ne pourrait devenir pour l'individu une fin réfléchie qu'en vertu d'un *pur* désintéressement; mais ce pur désintéressement est impossible à constater comme *fait* et son existence a de tout temps été controversée. Aussi la morale, pour ne pas renfermer dès son principe un postulat invérifiable, doit être d'abord *individualiste;* elle ne doit se préoccuper des destinées de la société qu'en tant qu'elles enveloppent plus ou moins celles de l'individu. Le premier tort des utilitaires comme Stuart-Mill, et même des évolutionnistes, a été de confondre la face sociale et la face individualiste du problème moral.

Ajoutons qu'une morale individualiste fondée sur des faits n'est pourtant pas la négation d'une morale métaphysique ou religieuse, fondée, par exemple, sur quelque idéal impersonnel; loin de là : elle est simplement construite dans une autre sphère. C'est une maisonnette bâtie au pied de la tour de Babel; elle n'empêche nullement celle-ci de monter jusqu'au ciel, si elle peut; bien plus, qui sait si la maisonnette n'aura pas parfois besoin de s'abriter à l'ombre de la tour? Nous n'essayerons donc de nier ni d'exclure aucune des fins proposées comme désirables par les métaphysiciens; nous laisserons de côté, comme au-dessus de nous, la notion du *désirable*, et nous nous bornerons à constater ce qui est *désiré* en fait[1]. Les fins poursuivies en fait par les hommes et par tous les êtres vivants sont extrêmement multiples; toutefois, de même que la vie offre partout des caractères communs et un même type d'organisation, il est probable que les fins recherchées par les divers individus se ramènent plus ou moins à l'unité. Cette fin unique de l'action ne saurait être ni le *bien*, concept vague qui, lorsqu'on veut le déterminer, se résout en des hypothèses métaphysiques, ni le *devoir*, qui n'apparaît pas non plus à la science comme un principe primitif et irréductible, ni peut-être le *bonheur*, dans la pleine acception du mot, que Volney a pu appeler un objet de luxe.

---

1. Sur la distinction du *désiré* et du *désirable*, voir notre *Morale anglaise contemporaine*, 2ᵉ édition. (IIᵉ partie : *De la méthode morale.*)

Quel sera donc le but naturel des actions humaines? Lorsqu'un tireur s'est longtemps exercé sur une cible, et que l'on considère les trous innombrables dont il a percé le morceau de carton, on voit ces trous se répartir assez uniformément autour du *blanc* visé. Aucune des balles, peut-être, n'aura atteint le centre géométrique du cercle de la cible, et quelques-unes en seront fort éloignées; néanmoins, elles seront groupées autour de ce centre suivant une loi très régulière que Quételet a déterminée : la *loi du binôme*. Même sans connaître cette loi, on ne se trompera pas au simple aspect des trous de balle; on mettra le doigt au centre de l'endroit où ces trous sont le plus fréquents, et on dira : « Voilà le point de la cible qui a été visé. » Cette recherche, après coup, du but visé par le tireur peut être comparée à celle qu'entreprend le moraliste quand il s'efforce de déterminer le but ordinaire de la conduite humaine. Quelle est la cible constamment visée par l'humanité, et qui doit l'avoir été aussi par tous les êtres vivants, — car l'homme n'est plus aujourd'hui pour la science un être à part du monde, et les lois de la vie sont les mêmes du haut en bas de l'échelle animale; — quel est le centre de l'effort universel des êtres, vers lequel ont été dirigés les coups du grand hasard des choses, sans qu'aucun de ces coups ait peut-être jamais porté tout à fait juste, sans que le but ait été jamais pleinement atteint?

Suivant les « hédonistes, » la direction naturelle de tout acte est le minimum de peine et le maximum de plaisir : dans son évolution, *la vie consciente suit toujours la ligne de la moindre souffrance*. Cette direction du désir ne peut guère être contestée par personne, et, pour notre part, nous l'admettons; mais on peut trouver la définition précédente encore trop étroite, car elle ne s'applique qu'aux actes conscients et plus ou moins volontaires, non aux actes inconscients et automatiques, qui s'accomplissent simplement suivant la ligne de la moindre *résistance*. Or, croire que la plupart des mouvements partent de la conscience et qu'une analyse scientifique des ressorts de la conduite doit tenir compte seulement des mobiles conscients, ce serait sans doute être dupe d'une illusion. Pour MM. Maudsley et Huxley, la conscience n'est dans la vie qu'un épiphénomène, abstraction faite duquel tout se passerait de la même manière. Sans vouloir trancher ni même soulever cette question, fort controversée en Angleterre comme en France, nous devons reconnaître que la conscience embrasse une portion assez restreinte de la vie et de l'action. Même les actes qui s'achèvent dans la pleine conscience de soi ont, en général, leur principe et leur première origine dans des instincts sourds et des mouvements réflexes. La conscience n'est donc qu'un point lumineux dans la grande sphère obscure de la vie ; c'est une petite lentille groupant en faisceaux quelques rayons de soleil et s'imaginant trop que son foyer est le foyer même d'où partent les rayons. Le ressort naturel de l'action, avant d'apparaître dans la conscience, devait déjà agir au-dessous d'elle, dans la région obscure des instincts ; la fin constante de l'action doit avoir été primitivement une cause constante de mouvements plus ou moins inconscients. Au fond, les fins ne sont que des causes motrices habituelles, parvenues à la conscience de soi ; tout mouvement voulu a commencé par être un mouvement spontané exécuté aveuglément, parce qu'il présentait moins de résistance ; tout désir conscient a donc été d'abord un instinct. La sphère de la finalité coïncide, au moins dans son centre, avec la sphère de la causalité (même si, avec les métaphysiciens, on considère la finalité comme primitive). Ce problème : Quelle est la fin, la cible constante de l'action ? devient donc, à un autre point de vue, celui-ci : Quelle est la cause constante de l'action ? Dans le cercle de la vie, le point visé se confond avec le point même d'où part le coup.

Nous croyons qu'une morale vraiment scientifique, pour être complète, doit admettre que la recherche du plaisir est la conséquence même de l'effort instinctif pour maintenir et accroître la vie : le *but* qui, de fait, *détermine* toute action consciente est aussi la *cause* qui *produit* toute action inconsciente : c'est donc la *vie* même, la vie à la fois la plus intense et la plus variée dans ses formes. Depuis le premier tressaillement de l'embryon dans le sein maternel jusqu'à la dernière convulsion du vieillard, tout mouvement de l'être a eu pour cause la vie en son évolution ; cette cause universelle de nos actes, à un autre point de vue, en est l'effet constant et la fin.

L'analyse qui précède concorde par son résultat avec les analyses de l'école évolutionniste, que nous ne reproduirons pas ici [1]. Le motif de nos actions, la vie, est admis même par les mystiques, car ceux-ci supposent généralement une prolongation de l'existence au delà de ce monde. La tendance à persévérer dans la vie est la loi même de la vie non seulement chez l'homme, mais chez tous les êtres vivants, peut-être même dans le dernier atome de l'éther : cette tendance est, sans doute, comme le résidu de la conscience universelle, d'autant plus qu'elle dépasse et enveloppe la conscience même.

Une morale fondée uniquement sur les faits positifs peut donc se définir : la science qui a pour objet tous les moyens

---

1. V. notre *Morale anglaise contemporaine*, 2ᵉ édition.

de *conserver* et d'*accroître* la vie matérielle ou intellectuelle. Les lois de cette morale seront identiques à celles de la vie même et, dans quelques-uns de ses théorèmes les plus généraux, elle vaudra pour tous les êtres vivants.

Si on nous dit que les moyens de *conserver* la vie physique rentrent dans l'hygiène plutôt que dans la morale, nous répondrons que la tempérance, depuis longtemps placée parmi les vertus, est pratiquement une application de l'hygiène et que, d'ailleurs, une morale positive, sous le rapport physique, ne peut guère différer d'une hygiène élargie.

Si on demande ce que c'est qu'*accroître* l'intensité de la vie, nous répondrons que c'est accroître le domaine de l'activité sous toutes ses formes (dans la mesure compatible avec la réparation des forces).

Les êtres inférieurs n'agissent que dans une certaine direction; puis ils se reposent, s'affaissent dans une inertie absolue, par exemple le chien de chasse, qui s'endort jusqu'au moment où il recommencera à chasser. L'être supérieur, au contraire, se repose par la *variété* de l'action, comme un champ par la variété des productions; le but poursuivi, dans la culture de l'activité humaine, c'est donc la réduction au strict nécessaire de ce qu'on pourrait appeler les périodes de *jachère*. Agir, c'est vivre; agir davantage, c'est augmenter le foyer de vie intérieure. Le pire des vices sera, à ce point de vue, la paresse, l'inertie. L'idéal moral sera l'activité dans toute la variété de ses manifestations, du moins de celles qui ne se contrarient pas l'une l'autre ou qui ne produisent pas une déperdition durable de forces. Pour prendre un exemple, la pensée est l'une des formes principales de l'activité humaine : non, comme l'avait cru Aristote, parce que la pensée serait l'acte pur et dégagé de toute matière (hypothèse invérifiable), mais parce que la pensée est, pour ainsi dire, de l'action condensée et de la vie à son maximum de développement. De même pour l'amour.

Après avoir posé, en termes très généraux, les bases d'une morale de la vie, voyons quelle part il convient de faire en son sein à l'hédonisme ou à la morale du plaisir.

Le plaisir est un état de la conscience qui, selon les psychologues et les physiologistes, est lié à un accroissement de la vie (physique ou intellectuelle); il s'ensuit que ce précepte : « accrois d'une manière constante l'intensité de ta vie » se confondra finalement avec celui-ci : « accrois d'une manière constante l'intensité de ton plaisir. » L'hédonisme peut donc subsister, mais au second rang et plutôt comme conséquence que comme principe. Tous les moralistes anglais disent : « le plaisir est le seul levier avec lequel on puisse mouvoir l'être. » Entendons-nous. Il y a deux sortes de plaisir. Tantôt le plaisir correspond à une forme particulière et superficielle de l'activité (plaisir de manger, de boire, etc.), tantôt il est lié au fond même de cette activité (plaisir de vivre, de vouloir, de penser, etc.); dans le premier cas, il est purement sensitif; dans l'autre, il est plus profondément vital, plus indépendant des objets extérieurs : il ne fait qu'un avec la conscience même de la vie. Les utilitaires ou les hédonistes se sont trop plu à considérer la première espèce de plaisir; l'autre a une importance supérieure. On n'agit pas toujours en vue de poursuivre un *plaisir particulier*, déterminé et extérieur à l'action même; parfois on agit pour le plaisir d'agir, on vit pour vivre, on pense pour penser. Il y a en nous de la force accumulée qui demande à se dépenser; quand la dépense en est entravée par quelque obstacle, cette force devient désir ou aversion ; quand le désir est satisfait, il y a plaisir ; quand il est contrarié, il y a peine ; mais il n'en résulte pas que l'activité emmagasinée se déploie uniquement en *vue* d'un plaisir, avec un plaisir pour *motif ;* la vie se déploie et s'exerce parce qu'elle est la vie. Le plaisir accompagne chez tous les êtres la recherche de la vie, beaucoup plus qu'il ne la provoque ; il faut vivre avant tout, jouir ensuite.

On a cru longtemps que l'organe créait la fonction, on a cru aussi que le plaisir créait la fonction : « l'être va, disait Épicure, où l'appelle son plaisir ; » ce sont là, d'après la science moderne, deux vérités incomplètes et mêlées d'erreurs ; à l'origine, l'être ne possédait point un organe tout fait ; de même, il n'avait pas, en quelque sorte, un plaisir tout fait ; lui-même, en agissant, a fait son organe et fait son plaisir. Le plaisir, comme l'organe, procède de la fonction. Plus tard, d'ailleurs, comme l'organe même, il réagit sur la fonction ; on finit par agir de telle manière parce qu'on a un organe développé dans tel sens et qu'on éprouve un plaisir en allant dans telle direction. Mais le plaisir n'est pas premier ; ce qui est premier et dernier, c'est la fonction, c'est la vie. Si on n'a pas besoin, pour diriger la nature, de faire appel à une impulsion étrangère ou supérieure à elle, si la nature est, pour ainsi dire, automotrice et autonome, on n'a pas besoin non plus de faire appel à une détermination inférieure et particulière, comme *tel* plaisir.

Ce qu'on peut accorder aux hédonistes, c'est qu'il ne saurait y avoir conscience sans un plaisir ou sans une douleur vagues ; le plaisir et la peine pourraient être regardés comme le principe même de la conscience ; d'autre part, la conscience est le levier nécessaire pour produire toute action autre que le pur acte réflexe : la théorie anglaise est donc vraie en ce sens que toute action volontaire, ayant toujours besoin pour ainsi dire de passer par la conscience, s'imprègne nécessairement d'un caractère agréable ou désagréable. Agir et réagir, c'est toujours jouir ou souffrir ; c'est toujours aussi désirer ou craindre. Mais ce caractère agréable ou désagréable de l'action ne suffit pas pour l'expliquer tout entière. La *jouissance*, au lieu d'être une fin réfléchie de l'action, n'en est souvent, comme la *conscience* même, qu'un attribut. L'action sort naturellement du fonctionnement de la vie, en grande partie inconscient ; elle entre aussitôt dans le domaine de la conscience et de la jouissance, mais elle n'en vient pas. La tendance de l'être à persévérer dans l'être est le fond de tout désir sans constituer elle-même un désir déterminé. Le mobile emporté dans l'espace ignore la direction où il va, et cependant il possède une vitesse acquise prête à se transformer en chaleur et même en lumière, selon le milieu résistant où il passera ; c'est ainsi que la vie devient désir ou crainte, peine ou plaisir, en vertu même de sa force acquise et des primitives directions où l'évolution l'a lancée. Une fois connue l'intensité de vie chez un être avec les diverses issues ouvertes à son activité, on peut prédire la direction que cet être se sentira intérieurement poussé à prendre. C'est comme si un astronome pouvait prédire la marche d'un astre rien que par la connaissance de sa masse, de sa vitesse et de l'action des autres astres.

On voit maintenant quelle position peut prendre une science des mœurs sans métaphysique dans la question de la fin morale. Étant données d'une part la sphère inconsciente des instincts, des habitudes, des perceptions sourdes, d'autre part la sphère consciente du raisonnement et de la volonté réfléchie, la morale se trouve sur la limite de ces deux sphères : elle est la seule science qui n'ait ainsi pour objet ni des faits purement inconscients ni des faits purement conscients. Elle doit donc chercher une tendance qui soit commune à ces deux ordres de faits et qui puisse relier les deux sphères.

La psychologie classique s'était toujours restreinte aux phénomènes conscients, laissant de côté l'étude du pur mécanisme; de même la morale classique. Mais elles supposaient démontré que le mécanisme n'agit pas sur la région consciente de l'esprit, n'y provoque pas des perturbations parfois plus ou moins inexplicables : supposer ainsi démontrée l'indépendance du conscient par rapport à l'inconscient, c'était commencer par un postulat que rien n'autorise. Nous croyons que, pour éviter ce postulat, la morale doit chercher un ressort d'action qui puisse jouer à la fois dans les deux sphères et mouvoir tout ensemble en nous l'automate et l'être sensible. L'objet de la morale est de constater comment l'action, produite par l'effort seul de la vie, sort sans cesse du fond inconscient de l'être pour entrer dans le domaine de la conscience ; comment ensuite l'action peut se trouver réfractée dans ce milieu nouveau, souvent même suspendue ; par exemple, quand il y a lutte entre l'instinct de la vie et telle ou telle croyance d'ordre rationnel. Dans ce cas, la sphère de la conscience peut fournir une source nouvelle d'actions qui, à leur tour, redeviennent des principes d'habitudes ou d'instincts, et rentrent ainsi dans le fond inconscient de l'être, pour y subir des altérations sans nombre. L'instinct dévie en devenant conscience et pensée, la pensée dévie en devenant action et germe d'instinct. La morale doit tenir compte de toutes ces déviations. Elle est un lieu de rencontre où viennent se toucher et où se transforment sans cesse l'une dans l'autre les deux grandes forces de l'être, instinct et raison ; elle doit étudier l'action de ces deux forces l'une sur l'autre, et chercher à régler la double influence de l'instinct sur la pensée, de la pensée et du cerveau sur les actes instinctifs ou réflexes.

Nous verrons comment la vie peut donner lieu, en devenant consciente d'elle-même et sans se contredire rationnellement, à une variété indéfinie de mobiles dérivés. L'instinct universel de la vie, tantôt inconscient, tantôt conscient, avec les aspects divers que nous lui verrons revêtir, fournit à la science morale la seule fin certaine ; — ce qui ne veut pas dire d'ailleurs qu'il n'en existe aucune autre possible, et que notre expérience soit adéquate à toute la réalité imaginable. Une morale fondée sur les faits ne peut, encore une fois, « constater » qu'une chose, c'est que la vie tend à se maintenir et à s'accroître chez tous les êtres, d'abord inconsciemment, puis avec le secours de la conscience spontanée ou réfléchie ; qu'elle est ainsi *en fait* la forme primitive et universelle de tout bien *désiré :* il ne s'ensuit pas que le désir de la vie épuise absolument l'idée du *désirable,* avec toutes les notions métaphysiques et mystiques qu'on y peut rattacher : c'est là une question réservée, qui ne sera plus proprement objet d'affirmation positive, mais d'hypothèse métaphysique. La certitude n'a jamais nui au rêve, ni la connaissance des faits réels à l'élan vers l'idéal : le moissonneur, ramassant avec soin en son grenier les gerbes qu'il a recueillies et comptées lui-même, n'a jamais empêché le semeur de s'en aller la main ouverte, l'œil tourné vers les moissons lointaines, jeter au vent le présent, le connu, pour voir germer un avenir qu'il ignore et qu'il espère.

## CHAPITRE II

### La plus haute intensité de la vie a pour corrélatif nécessaire sa plus large expansion.

Existence et vie, au point de vue physiologique, implique *nutrition*, conséquemment appropriation, transformation pour soi des forces de la nature : la vie est une sorte de *gravitation sur soi*. Mais l'être a toujours besoin d'accumuler un surplus de force, même pour avoir le nécessaire ; *l'épargne* est la loi même de la nature. Que deviendra ce surplus de force accumulé par tout être sain, cette surabondance que la nature réussit à produire ? — Il pourra se dépenser d'abord par la *génération*, qui est un simple cas de la nutrition. « La reproduction, dit Hœckel[1], est un excès de nutrition et d'accroissement par suite duquel une portion de l'individu est érigée en tout indépendant. » Dans la cellule élémentaire, la génération prend la forme d'une simple division. Plus tard, une sorte de distribution du travail se fait, et la reproduction devient une fonction spéciale accomplie par les cellules germinales : c'est la *sporogonie*. Plus tard enfin deux cellules, l'une ovulaire, l'autre spermatique, s'unissent et se fondent ensemble pour former un nouvel individu. Cette conjugaison de deux cellules n'a rien de

---

1. *Morphologie*, II, 16.

mystérieux : le tissu musculaire et le tissu nerveux résultent pour une large part de ces fusions cellulaires. Néanmoins, avec la génération sexuée ou *amphigonie* commence, on peut le dire, une nouvelle phase morale pour le monde. L'organisme individuel cesse d'être isolé ; son centre de gravité se déplace par degrés, et il va se déplacer de plus en plus.

La sexualité a une importance capitale dans la vie morale : si par impossible la génération asexuée avait prévalu dans les espèces animales et finalement dans l'humanité, là société existerait à peine. On l'a remarqué depuis longtemps, les vieilles filles, les vieux garçons, les eunuques, sont d'habitude plus égoïstes : leur centre est toujours resté au plus profond d'eux-mêmes, sans osciller jamais. Les enfants aussi sont égoïstes : ils n'ont pas encore un surplus de vie à déverser au dehors. C'est vers l'époque de la puberté que leurs caractères se transforment : le jeune homme a tous les enthousiasmes, il est prêt à tous les sacrifices, parce qu'en effet il faut qu'il sacrifie quelque chose de lui, qu'il se diminue dans une certaine mesure : il vit trop pour ne vivre que pour lui-même. L'époque de la génération est aussi celle de la générosité. Le vieillard, au contraire, est souvent porté à redevenir égoïste. Les malades ont les mêmes tendances ; toutes les fois que la source de vie est diminuée, il se produit dans l'être entier un besoin d'épargner, de se garder pour soi : on hésite à laisser filtrer au dehors une goutte de la sève intérieure.

La génération a pour premier effet de produire un groupement des organismes, de créer la famille et par là la société ; mais ce n'est qu'un de ses effets les plus visibles et les plus grossiers. L'instinct sexuel, nous venons de le voir, est une forme supérieure, mais particulière, du besoin général de fécondité : or, ce besoin, symptôme d'un surplus de force, n'agit pas seulement sur les organes spéciaux de la génération, il agit sur l'organisme tout entier ; il exerce du haut en bas de l'être une sorte de pression dont nous allons énumérer les diverses formes.

1° *Fécondité intellectuelle.* — Ce n'est pas sans raison qu'on a comparé les œuvres du penseur à ses enfants. Une force intérieure contraint aussi l'artiste à se projeter au dehors, à nous donner ses entrailles, comme le pélican de Musset.

Ajoutons que cette fécondité est quelque peu en opposition avec la génération physique : l'organisme ne peut accomplir sans souffrance cette double dépense. Aussi, dans les espèces animales, la fécondité physique semble-t-elle décroître avec le développement du cerveau. Les très grands génies n'ont eu généralement que des enfants au-dessous de la moyenne, dont la race s'est vite éteinte. Sans doute, par leurs idées, ces génies vivent encore aujourd'hui dans le cerveau de la race humaine, mais leur sang n'a pu se mêler au sien.

La fécondité intellectuelle peut comporter, elle aussi, une sorte de débauche : on peut abuser de son cerveau. Le jeune homme s'use parfois pour toute sa vie par l'excès prématuré de travail intellectuel. La jeune fille américaine peut compromettre de la même manière sa maternité future ou le sort de la génération qui naîtra d'elle. C'est à la morale de restreindre ici comme ailleurs l'instinct de productivité. En règle générale, la dépense ne doit être qu'une excitation de la vie, et non un épuisement.

Quoi qu'il en soit, le besoin de la fécondité intellectuelle, plus encore que la fécondité sexuelle, modifie profondément les conditions de la vie dans l'humanité. La pensée, en effet, est impersonnelle et désintéressée.

2° *Fécondité de l'émotion et de la sensibilité.* — De même que l'intelligence, la sensibilité veut s'exercer. Nous ne sommes pas assez pour nous-mêmes ; nous avons plus de larmes qu'il n'en faut pour nos propres souffrances, plus de joies en réserve que n'en justifie notre propre bonheur. Il faut bien aller vers autrui, se multiplier soi-même par la communion des pensées et des sentiments.

De là une sorte d'inquiétude chez l'être trop solitaire, un désir non rassasié. Quand on ressent, par exemple, un plaisir artistique, on voudrait ne pas être seul à en jouir. On voudrait faire savoir à autrui qu'on existe, qu'on sent, qu'on souffre, qu'on aime. On voudrait déchirer le voile de l'individualité. — Vanité ? — Non, la vanité est bien loin de notre pensée. C'est plutôt le contraire de l'égoïsme. Les plaisirs très inférieurs, eux, sont parfois égoïstes. Quand il n'y a qu'un gâteau, l'enfant veut être seul à le manger. Mais le véritable artiste ne voudrait pas être seul à voir quelque chose de beau, à découvrir quelque chose de vrai, à éprouver un sentiment généreux[1]. Il y a, dans ces plaisirs, une force d'expansion toujours prête à briser l'enveloppe étroite du moi. En face d'eux on se sent insuffisant soi-même, fait seulement pour les transmettre, comme l'atome vibrant de l'éther transmet de proche en proche le rayon de lumière sidérale qui le traverse, et dont il ne retient rien qu'un frisson d'un instant.

---

1. Il faut toutefois distinguer ici entre la jouissance de l'*artiste*, qui est toujours féconde, conséquemment généreuse, et celle de l'*amateur d'art*, qui peut être étroite et égoïste, parce qu'elle est toute stérile. Voir nos *Problèmes de l'esthétique contemporaine*.

Pourtant, ici encore, il faut éviter une expansion exagérée de la vie, une sorte de débauche affective. Il est des hommes, rares d'ailleurs, qui ont trop vécu pour autrui, qui n'ont pas assez retenu d'eux : les moralistes anglais les blâment avec quelque raison. Un grand homme n'a peut-être pas toujours le droit de risquer sa vie pour sauver celle d'un imbécile. La femme mère qui s'oublie trop elle-même peut condamner d'avance à une vie maladive et souffreteuse l'enfant qu'elle porte dans son sein. Le père de famille, qui se soumet lui et les siens à des privations quotidiennes pour laisser un peu d'aisance aux enfants, aboutira en effet à laisser quelque fortune à des êtres mal venus, sans valeur pour l'espèce.

3° *Fécondité de la volonté.* — Nous avons besoin de produire, d'imprimer la forme de notre activité sur le monde. L'action est devenue une sorte de nécessité pour la majorité des hommes. La forme la plus constante et la plus régulière de l'action, c'est le *travail*, avec l'attention qu'il exige. Le sauvage est incapable d'un vrai travail, d'autant plus incapable qu'il est plus dégradé. Les organismes qui, parmi nous, sont les débris encore vivants de l'homme ancien, — les criminels, — ont en général pour trait distinctif l'horreur du travail. Ils ne s'ennuient pas à ne rien faire. On peut dire que l'ennui est, chez l'homme, un signe de supériorité, de fécondité du vouloir. Le peuple qui a connu le *spleen* est le plus actif des peuples.

Avec le temps le travail deviendra de plus en plus nécessaire pour l'homme. Or, le travail est le phénomène à la fois économique et moral où se concilient le mieux l'égoïsme et l'altruisme. Travailler, c'est produire, et produire, c'est être à la fois utile à soi et aux autres. Le travail ne peut devenir dangereux que par son accumulation sous la forme de capital ; alors il peut prendre un caractère franchement égoïste et, en vertu d'une contradiction intime, aboutir à sa propre suppression par l'oisiveté même qu'il permet. Mais, sous sa forme vive, le travail est toujours bon. C'est aux lois sociales d'empêcher les résultats mauvais de l'accumulation du travail, — excès d'oisiveté pour soi et excès de pouvoir sur autrui, — comme on veille à isoler les piles trop puissantes.

On a besoin de vouloir et de travailler non seulement pour soi, mais encore pour les autres. On a besoin d'aider autrui, de donner son coup d'épaule au coche qui entraîne péniblement l'humanité ; en tout cas on bourdonne autour. L'une des formes inférieures de ce besoin est *l'ambition*, où il ne faut pas voir seulement un désir d'honneurs et de bruit, mais qui est aussi et avant tout un besoin d'action ou de parole, une abondance de la vie sous sa forme un peu grossière de puissance motrice, d'activité matérielle, de tension nerveuse.

Certains caractères ont surtout la fécondité de la volonté, par exemple Napoléon I$^{er}$ ; ils bouleversent la surface du monde dans le but d'y imprimer leur effigie : ils veulent substituer leur volonté à celle d'autrui, mais ils ont une sensibilité pauvre, une intelligence incapable de *créer* au grand sens du mot, une intelligence qui ne vaut pas par elle-même, qui ne pense pas pour penser et dont ils font l'instrument passif de leur ambition. D'autres, au contraire, ont une sensibilité très développée, comme les femmes (qui ont joué un si grand rôle dans l'évolution humaine et dans l'établissement de la morale) ; mais il leur manque trop souvent l'intelligence ou la volonté.

En somme, la vie a deux faces : par l'une elle est nutrition et assimilation, par l'autre production et fécondité. Plus elle acquiert, plus il faut qu'elle dépense : c'est sa loi. La dépense n'est pas physiologiquement un mal, c'est l'un des termes de la vie. C'est l'expiration suivant l'inspiration.

Donc la dépense pour autrui qu'exige la vie sociale n'est pas, tout compte fait, une perte pour l'individu ; c'est un agrandissement souhaitable, et même une nécessité. L'homme veut devenir un être social et moral, il reste toujours tourmenté par cette idée. Les cellules délicates de son cerveau et de son cœur aspirent à vivre et à se développer, de la même façon que ces « homunculi » dont parle quelque part M. Renan : chacun de nous sent en lui une sorte de poussée de la vie morale, comme de la sève physique. Vie, c'est fécondité, et réciproquement la fécondité, c'est la vie à pleins bords, c'est la véritable existence. Il y a une certaine générosité inséparable de l'existence, et sans laquelle on meurt, on se dessèche intérieurement. Il faut fleurir ; la moralité, le désintéressement, c'est la fleur de la vie humaine.

On a toujours représenté la Charité sous les traits d'une mère qui tend à des enfants son sein gonflé de lait ; c'est qu'en effet la charité ne fait qu'un avec la fécondité débordante : elle est comme une maternité trop large pour s'arrêter à la famille. Le sein de la mère a besoin de bouches avides qui l'épuisent ; le cœur de l'être vraiment humain a aussi besoin de se faire doux et secourable pour tous : il y a chez le bienfaiteur même un appel intérieur vers ceux qui souffrent.

Nous avons constaté, jusque dans la vie de la cellule aveugle, un principe d'expansion qui fait que l'individu ne peut se suffire à lui-même ; la vie la plus riche se trouve être aussi la plus portée à se prodiguer, à se sacrifier dans une certaine mesure, à se partager aux autres. D'où il suit que l'organisme le plus parfait sera aussi le plus sociable, et que l'idéal de la vie individuelle, c'est la vie en commun. Par là se trouve replacée au fond même de l'être la source de tous ces instincts de sympathie et de sociabilité que l'école anglaise nous a trop souvent montrés comme acquis plus ou moins artificiellement dans le cours de l'évolution, et en conséquence comme plus ou moins adventices. Nous sommes bien loin de Bentham et des utilitaires, qui cherchent à éviter partout la peine, qui voient en elle l'irréconciliable ennemie : c'est comme si on ne voulait pas respirer trop fort, de peur de se dépenser. Dans Spencer même, il y a encore trop d'utilitarisme. Trop souvent, en outre, il regarde les choses du dehors, ne voit dans les instincts désintéressés qu'un produit de la société. Il y a, croyons-nous, au sein même de la vie individuelle, une évolution correspondant à l'évolution de la vie sociale et qui la rend possible, qui en est la cause au lieu d'en être le résultat.

## CHAPITRE III

**Dans quelle mesure le mobile de l'activité peut créer une sorte d'obligation. — Pouvoir et devoir.**

Après avoir établi ce principe qui nous paraît essentiel, la *fécondité morale*, il nous reste à voir de quelle manière et sous quelle forme psychologique elle se manifeste : l'être est-il porté à se répandre vers autrui par la nature même de sa volonté ? ou est-il simplement sollicité par l'attrait d'un plaisir spécial, plaisir de la sympathie, de la louange, etc. ? Nous verrons, ici encore, que l'étude de la « dynamique mentale » a été souvent élémentaire et incomplète dans les écoles anglaise et positiviste.

Nous nous placerons successivement aux trois points de vue de la volonté, de l'intelligence et de la sensibilité.

1° *Existence d'un certain devoir impersonnel créé par le pouvoir même d'agir*. — D'abord, comment mouvoir la volonté sans faire appel ni à un devoir mystique ni à tel ou tel plaisir particulier ?

Ce qu'il y a de vrai et de profond dans la notion mal élucidée du devoir moral peut subsister, croyons-nous, même après l'épuration que lui a fait subir la théorie précédemment esquissée. Le devoir se ramènera à la conscience d'une *puissance* intérieure. Sentir intérieurement ce qu'on est *capable* de faire, c'est par là même prendre la première conscience de ce qu'on a le *devoir* de faire.

Le devoir n'est autre chose qu'une surabondance de vie qui demande à s'exercer, à se donner ; on l'a trop interprété jusqu'ici comme le sentiment d'une nécessité ou d'une contrainte ; c'est en même temps celui d'une puissance. Toute force qui s'accumule crée une pression sur les obstacles placés devant elle ; tout pouvoir produit une sorte d'obligation qui lui est proportionnée : pouvoir agir, c'est devoir agir. Chez les êtres inférieurs, où la vie intellectuelle est entravée et étouffée, il y a peu de devoirs ; mais c'est qu'il y a peu de pouvoir. L'homme civilisé a des devoirs innombrables : c'est qu'il a une activité très riche à dépenser de mille manières. A ce point de vue, rien de mystique dans l'obligation morale ; elle se ramène à cette grande loi de la nature : *la vie ne peut se maintenir qu'à condition de se répandre* ; il est impossible d'atteindre sûrement un but quand on n'a pas le pouvoir de le dépasser, et si on soutient que le moi est à lui-même son propre but, c'est encore une raison pour qu'il ne puisse se suffire à lui-même. La plante ne peut pas s'empêcher de fleurir ; quelquefois, fleurir, pour elle, c'est mourir ; n'importe, la sève monte toujours. La nature ne regarde pas en arrière pour voir ce qu'elle abandonne ; elle va son chemin, toujours en avant, toujours plus haut.

2° *Existence d'un certain devoir impersonnel créé par la conception même de l'action.* — De même que la puissance de l'activité crée une sorte d'obligation naturelle ou d'impulsion impérative, de même l'intelligence a par elle-même un pouvoir moteur.

Quand on s'élève assez haut, on peut trouver des motifs d'action qui n'agissent plus seulement comme mobiles, mais qui, en eux-mêmes et par eux-mêmes, sans intervention directe de la sensibilité, sont des moteurs de l'activité et de la vie.

Nous pouvons appliquer ici une importante théorie, celle qu'un philosophe contemporain a proposée sur les *idées-forces*[1]. L'intelligence et l'activité n'apparaissent plus de nos jours comme séparées par un abîme. Comprendre, c'est déjà commencer en soi-même la réalisation de ce qu'on comprend; concevoir quelque chose de mieux que ce qui est, c'est un premier travail pour réaliser cette chose. L'action n'est que le prolongement de l'idée. La pensée est presque une parole ; nous sommes portés avec tant de force à exprimer ce que nous pensons, que l'enfant et le vieillard, moins capables de résister à cette contrainte, pensent tout haut : le cerveau fait naturellement mouvoir les lèvres. C'est de la même façon qu'il fera agir, qu'il fera mouvoir les bras et le corps tout entier, qu'il dirigera la vie. Il n'y a pas deux choses : conception du but, effort pour y parvenir. La conception même, répétons-le, est un premier effort : on pense, on sent, et l'action suit. Nul besoin, dès lors, d'invoquer l'intermédiaire d'un plaisir extérieur, nul besoin de moyen-terme ni de pont pour passer de l'une à l'autre de ces deux choses : pensée, action. Elles sont au fond identiques.

Ce qu'on appelle obligation ou contrainte morale n'est, dans la sphère de l'intelligence, que le sentiment de cette radicale identité : l'obligation est une expansion inté-

---

[1]. Voir M. Alfred Fouillée, *la Liberté et le Déterminisme*, 2ᵉ édition, et *la Critique des systèmes de morale contemporains*.

rieure, un besoin de parfaire nos idées en les faisant passer dans l'action. Celui qui n'agit pas comme il pense, pense incomplètement. Aussi sent-il qu'il lui manque quelque chose : il n'est pas entier, il n'est pas lui-même. L'immoralité est une mutilation intérieure. Chacun des mouvements de notre esprit soulève le corps. Ne pas agir selon ce qu'on croit le meilleur, c'est ressembler à quelqu'un qui ne pourrait rire quand il est joyeux ni pleurer quand il est triste, qui ne pourrait enfin rien exprimer au dehors, rien traduire de ce qu'il éprouve. Ce serait le suprême supplice.

On a donc trop distingué la volonté de l'intelligence, de telle sorte qu'on a ensuite éprouvé le besoin de mouvoir exclusivement la volonté au moyen de mobiles sensibles. Mais les mobiles extérieurs n'ont pas à intervenir aussi longtemps que suffit le mécanisme interne de la pensée et de la vie. On peut dire que la volonté n'est qu'un degré supérieur de l'intelligence, et l'action un degré supérieur de la volonté.

Dès lors la moralité n'est autre chose que l'*unité* de l'être. L'immoralité, au contraire, est un dédoublement, une opposition des diverses facultés qui se limitent l'une l'autre. L'hypocrisie consiste à arrêter l'expression naturelle de sa pensée et à y substituer une expression contraire ; en ce sens on pourrait dire que l'immoralité est essentiellement hypocrisie, et conséquemment arrêt dans le développement de l'être.

3° *Existence d'un certain devoir impersonnel créé par la fusion croissante des sensibilités et par le caractère plus sociable des plaisirs élevés.* — Une nouvelle espèce d'obligation dérive de la nature même de la sensibilité, qui tend à se transformer par l'effet de l'évolution.

Les plaisirs supérieurs, qui prennent une part chaque jour plus grande dans la vie humaine, — plaisirs esthétiques, plaisir de raisonner, d'apprendre et de comprendre, de chercher, etc., — requièrent beaucoup moins de conditions extérieures et sont beaucoup plus accessibles à tous que les plaisirs proprement égoïstes. Le bonheur d'un penseur ou d'un artiste est du bonheur à bon marché. Avec un morceau de pain, un livre ou un paysage, vous pouvez goûter un plaisir infiniment supérieur à celui d'un imbécile dans une voiture armoriée traînée par quatre chevaux. Les plaisirs supérieurs sont donc à la fois plus intimes, plus profonds et plus gratuits (sans l'être toujours entièrement). Ils tendent beaucoup moins à diviser les êtres que les plaisirs inférieurs.

Ainsi, par une évolution naturelle, le principe d'une grande partie de nos plaisirs semble remonter du dehors au dedans. Le sujet sensible peut trouver dans sa propre activité, et parfois indépendamment des choses, une source variée de jouissances. S'ensuivra-t-il qu'il se renfermera en lui-même et se suffira, comme se suffisait le sage stoïcien ? Loin de là : les plaisirs intellectuels ont ce trait remarquable qu'ils sont à la fois les plus *intérieurs* à l'être et les plus *communicatifs*, les plus *individuels* et les plus *sociaux*. Mettez ensemble des penseurs ou des amis du beau (pourvu qu'il n'y ait pas entre eux de rivalité personnelle) : ils s'aimeront beaucoup plus vite et en tout cas plus profondément que d'autres hommes ; ils reconnaîtront tout de suite qu'ils vivent dans le même monde, celui de la pensée, ils se sentiront une même patrie. Ce *lien* qui s'établira entre eux liera aussi leur conduite et leur imposera dans leurs rapports réciproques une espèce d'*obligation* particulière ; c'est un lien émotionnel, une communauté produite par l'harmonie complète ou partielle des sensibilités et des pensées.

Plus nous allons, plus les plaisirs humains semblent prendre un caractère social et sociable. L'idée devient une des sources essentielles du plaisir. Or, l'idée est une sorte de contingent commun à toutes les têtes humaines ; c'est une conscience universelle où sont réconciliées plus ou moins les consciences individuelles. La part de l'idée augmentant dans la vie de chacun, il se trouve que la part de l'universel augmente et tend à prédominer sur l'individuel. Les consciences deviennent donc plus pénétrables. Celui qui vient aujourd'hui au monde est destiné à une vie intellectuelle beaucoup plus intense qu'il y a cent mille ans, et pourtant, malgré cette intensité de sa vie individuelle, son intelligence se trouvera, pour ainsi dire, beaucoup plus *socialisée;* précisément parce qu'elle est bien plus riche, elle possédera beaucoup moins en propre. De même pour sa sensibilité.

En définitive, avons-nous dit ailleurs en commentant Épicure, qu'est-ce que serait un plaisir purement personnel et égoïste ? En existe-t-il de cette sorte, et quelle part ont-ils dans la vie ? — A cette question toujours actuelle, nous répondrons comme nous avons déjà répondu : — Lorsqu'on descend dans l'échelle des êtres, on voit que la sphère où chacun d'eux se meut est étroite et presque fermée ; lorsqu'au contraire on monte vers les êtres supérieurs, on voit leur sphère d'action s'ouvrir, s'étendre, se confondre avec la sphère d'action des autres êtres. Le *moi* se distingue de moins en moins des autres *moi*, ou plutôt il a de plus en plus besoin d'eux pour se constituer et pour subsister. Or, cette espèce d'échelle que parcourt la pensée, l'espèce humaine l'a déjà parcourue en partie dans son évolution. Son point de départ fut bien l'égoïsme ; mais l'égoïsme, en vertu de la fécondité même de toute vie, a été porté à s'élargir, à créer en dehors de lui des centres nouveaux pour sa propre action. En même temps des sentiments corrélatifs à cette tendance centrifuge sont nés peu à peu et ont comme recouvert les sentiments égoïstes qui leur servaient de principe. Nous marchons vers une époque où l'égoïsme primitif sera de plus en plus reculé en nous et refoulé, de plus en plus méconnaissable. A cette époque idéale l'être ne pourra plus, pour ainsi dire, jouir solitairement : son plaisir sera comme un concert où le plaisir des autres entrera à titre d'élément nécessaire ; et dès maintenant, dans la généralité des cas, n'en est-il pas déjà ainsi ? Qu'on compare, dans la vie commune, la part laissée à l'égoïsme pur et celle que prend « l'altruisme : » on verra combien la première est relativement petite ; même les plaisirs les plus égoïstes parce qu'ils sont tout physiques, comme le plaisir de boire ou de manger, n'acquièrent tout leur charme que quand nous les partageons avec autrui. Cette part prédominante des sentiments sociables doit se retrouver dans toutes nos jouissances et dans toutes nos peines. Aussi l'égoïsme pur ne serait-il pas seulement, comme nous l'avons montré, une sorte de mutilation de soi ; il serait une impossibilité. Ni mes douleurs, ni mon plaisir ne sont absolument miens. Les feuilles épineuses de l'agave, avant de se développer et de s'étaler en bandes énormes, restent longtemps appliquées l'une sur l'autre et formant comme un seul cœur ; à ce moment, les épines de chaque feuille s'impriment sur sa voisine. Plus tard, toutes ces feuilles ont beau grandir et s'écarter, cette marque leur reste et grandit même avec elles : c'est un sceau de douleur fixé sur elles pour la vie. La même chose se passe dans notre cœur, où viennent s'imprimer, dès le sein maternel, toutes les joies et toutes les douleurs du genre humain : sur chacun de nous, quoi qu'il fasse, ce sceau doit rester. De même que le *moi*, en somme, est pour la psychologie contemporaine une illusion, qu'il n'y a pas de personnalité séparée, que nous sommes composés d'une infinité d'êtres et de petites consciences ou états de conscience, ainsi le plaisir égoïste, pourrait-on dire, est une illusion : mon plaisir à moi n'existe pas sans le plaisir des autres, je sens que toute la société doit y collaborer plus ou moins, depuis la petite société qui m'entoure, ma famille, jusqu'à la grande société où je vis[1].

En résumé, une science vraiment positive de la morale peut, dans une certaine mesure, parler d'obligation, et cela, d'une part sans faire intervenir aucune idée mystique, d'autre part sans invoquer avec M. Bain la « contrainte » extérieure et sociale ou la « crainte » intérieure. Non, il suffit de considérer les directions normales de la vie psychique. On trouvera toujours une sorte de pression interne exercée par l'activité elle-même dans ces directions ; l'agent moral, par une pente naturelle et rationnelle tout ensemble, se sentira poussé dans ce sens, et il reconnaîtra qu'il lui faut faire une sorte de coup d'état intérieur pour échapper à cette pression : c'est ce coup d'état qui s'appelle la faute ou le crime. En le commettant l'individu se fait tort à lui-même : il diminue et éteint volontairement quelque chose de sa vie physique ou mentale.

1. Voir notre *Morale d'Épicure*, 2ᵉ édition, p. 283.

La morale que nous venons d'esquisser, et qui a son principe dans le fonctionnement même de la vie, se trouve par là avoir son principe plus avant que la conscience réfléchie, dans les profondeurs obscures et inconscientes de l'être, ou, si l'on préfère, dans la sphère de la conscience spontanée et synthétique. Le sentiment d'obligation, tel que nous l'avons analysé, peut se ramener en grande partie à cette formule : — Je constate en moi, par la conscience réfléchie, des modifications qui ne viennent pas d'elle, mais jusque du fond inconscient ou subconscient de moi-même. A travers la sphère lumineuse de la conscience passent ainsi des rayons partis du foyer de chaleur obscure qui constitue la vie intérieure.

## CHAPITRE IV

### Le sentiment de l'obligation au point de vue de la dynamique mentale.

Le Kantisme a eu ce grand mérite, que ne saurait contester aucune théorie naturaliste, de considérer l'impulsion du devoir comme antérieure à tout raisonnement philosophique sur le bien : nulle raison démonstrative ne saurait, en effet, changer tout d'un coup ni la direction ni l'intensité de cette impulsion. La théorie de l'*impératif catégorique* est donc psychologiquement exacte et profonde; seulement Kant n'avait pas le droit de considérer sans preuve cet impératif comme transcendantal. « Une nécessité pratique interne » peut être une nécessité plus ou moins mécanique : dans la moralité comme dans le génie, il peut exister une sorte de *pouvoir* naturel précédant le savoir, qui nous entraîne à agir et à produire ; le propre des penchants naturels, des habitudes, des coutumes, n'est-ce pas précisément de commander sans donner de raison à l'individu? La coutume dans la conscience individuelle ou dans l'État, comme le disait Pascal, est respectée « par cette seule raison qu'elle est reçue. » L'autorité de la loi est parfois « toute ramassée en soi, » sans se rattacher à aucun principe de moralité : « la loi est loi, et *rien davan-*

*tage.* » En présence de tout pouvoir antérieur à lui, de toute force qui n'est pas celle des idées raisonnées, l'entendement joue toujours le rôle secondaire qu'a bien montré le Kantisme : il se sent devant un mystère. Il ne s'ensuit pas d'ailleurs qu'il renonce à l'expliquer, même d'une manière plus ou moins superficielle ; au contraire, il n'y a rien dont l'intelligence humaine trouve autant d'explications que d'une chose pour elle inexplicable : que de théories sur le bien ! que de raisons données de cette affirmation non raisonnée : *je dois*, ou, comme disaient les anciens, *il faut*, δεῖ. On connaît l'exemple de cette somnambule à qui il avait été commandé pendant son sommeil de venir chez le magnétiseur tel jour, à telle heure : le jour dit, elle arrive par un temps abominable d'orage, et cependant, comme elle ne se rappelle plus de qui lui vient l'impératif auquel elle a obéi inconsciemment, elle trouve toute une série de raisons plausibles pour expliquer qu'elle est venue. On peut dire qu'il n'y a rien de *suggestif* pour l'intelligence comme un instinct qui n'a pas en elle son origine : se manifestant sous forme d'idée fixe, il ne tarde pas à constituer un centre intellectuel autour duquel viennent graviter et se grouper, avec les rapports les plus inattendus, toutes les autres idées de l'esprit.

En réalité, le raisonnement dans l'abstrait est impuissant à expliquer un instinct, à rendre compte d'une force irrationnelle dans son principe même : il faut l'observation, l'expérience. Une fois admis avec le Kantisme le fait du *devoir*, cherchons donc à bien constater ce fait dans ses variations essentielles et dans ses rapports avec les autres faits similaires de la conscience. Nous verrons ensuite s'il nous paraît offrir rien de supra-naturel. Kant lui-même a posé le problème dans la prosopopée célèbre : « *Devoir !*...

où trouver la *racine* de ta noble tige, qui repousse fièrement toute alliance avec les penchants?... » Mais à cette interrogation Kant n'a vraiment pas répondu, il n'a pas recherché quel lien de parenté pouvait, malgré l'apparence, rattacher aux autres penchants le devoir « noble » et « fier. » — « La loi du devoir, disait aussi Confucius dans un sens tout kantien, est un océan sans rivage : le monde ne peut la contenir. » — Par malheur, à trois heures du rivage la moindre masse d'eau semble un océan. Quand on navigue sur le fleuve des Amazones, on se croit sur la mer; pour distinguer le fleuve de la mer, il ne faut pas essayer de regarder au loin, il faut se pencher sur son eau et la goûter. L'analyse intérieure est aussi le seul moyen d'apprécier l'infinité réelle ou imaginaire de notre horizon moral.

De quelque manière qu'on se le représente métaphysiquement et moralement, le devoir n'est pas sans posséder par rapport aux autres motifs ou mobiles une certaine puissance psycho-mécanique : le sentiment de l'obligation morale est une force agissant dans le temps suivant une direction déterminée, avec une intensité plus ou moins grande. Étudions les modifications que produisent dans l'action intérieure du devoir ces deux éléments variables : le *temps* et l'*intensité*.

Un homme célèbre par sa courageuse intégrité, Daumesnil, disait un jour à un ministre de Charles X : « Je ne marche pas à la suite de ma conscience, elle me pousse. » Selon cette distinction très fine on peut diviser les actions morales en deux catégories : dans les unes, nous sommes à la lettre poussés en avant par le sentiment d'un devoir, sans avoir le temps de discuter, de délibérer, de raisonner ; dans les autres, nous nous laissons traîner à sa suite, avec la conscience plus nette d'une résistance possible, d'une certaine indépendance, avec l'idée d'une *loi* qui ne nous force pas à l'obéissance. Dans le premier cas, le sentiment de devoir agit sur nous par une *impulsion* soudaine ; dans l'autre, son action est bien plus lente et plus complexe.

Un exemple caractéristique de sentiment moral impulsif et irréfléchi nous est fourni par de pauvres ouvriers d'un four à chaux dans les Pyrénées. L'un d'eux, étant descendu dans le four pour se rendre compte de je ne sais quel dérangement, tombe asphyxié ; un autre se précipite à son secours, et tombe. Une femme témoin de l'accident appelle à l'aide ; d'autres ouvriers accourent. Pour la troisième fois un homme descend dans le four incandescent et succombe aussitôt. Un quatrième, un cinquième sautent et succombent. Il n'en restait plus qu'un ; il s'avance et va sauter, lorsque la femme qui se trouvait là s'accroche à ses vêtements et, à moitié folle de terreur, le retient sur le bord. Un peu plus tard, le parquet s'étant rendu sur les lieux pour procéder à une enquête, on interrogea le survivant sur son dévouement peu réfléchi, et un magistrat entreprit avec gravité de lui démontrer l'irrationalité de sa conduite ; il fit cette réponse admirable : « Mes compagnons se mouraient ; *il fallait y aller.* » — Dans cet exemple le sentiment d'obligation morale avait perdu, en effet, toute base rationnelle ; il n'en était pas moins assez puissant pour pousser successivement cinq hommes au sacrifice inutile de leur vie. On ne contestera pas qu'ici le sentiment du devoir n'ait la forme d'une impulsion spontanée, d'un déploiement soudain de la vie intérieure vers autrui, plutôt que d'un respect réfléchi pour « la loi morale, » et aussi d'une recherche du « plaisir » ou de « l'utilité. » Sous cette forme, qui est la plus élémentaire et peut-être la plus sublime tout ensemble, ce sentiment peut se retrouver, à quelque degré, jusque chez les animaux [1].

D'autres fois le sentiment du devoir, au lieu de pousser à l'action, la suspend brusquement; il peut développer alors ce que MM. Maudsley et Ribot, avec les physiologistes, appelleraient un pouvoir d'arrêt ou « d'inhibition, » non moins brusque, non moins violent que l'est le pouvoir d'impulsion. « J'étais encore un bambin en jupons, raconte le prédicateur américain Parker, je n'avais pas plus de quatre ans; je n'avais jamais tué la moindre créature; pourtant j'avais vu d'autres enfants s'amuser à détruire des oiseaux, des écureuils et d'autres petits animaux... Un jour, dans l'eau peu profonde d'un étang, je découvris une petite tortue tachetée qui se chauffait au soleil; je levai mon bâton pour la frapper... Tout à coup quelque chose arrêta mon bras, et j'entendis en moi-même une voix claire et forte qui disait : Cela est mal ! Tout surpris de cette émotion nouvelle, de cette puissance inconnue qui, en moi et malgré moi, s'opposait à mes actions, je *retins* mon bâton suspendu

---

[1]. C'est ce qu'a montré Darwin. On se rappelle l'exemple de ce babouin qui, voyant un jeune singe de six mois environné par les chiens et dans une situation désespérée, redescend la montagne, se jette au milieu de la meute par un véritable coup de folie, lui arrache le jeune singe et réussit à l'emporter en triomphe. (Voir notre *Morale anglaise contemporaine*, 2ᵉ édition, et *The descent of man*, t. I, c. III.) A la différence près de la réussite, l'action du babouin et celle des ouvriers du four sont analogues; elles s'expliquent par la même impulsion puissante, et si le singe avait pu traduire ses sentiments au moyen du langage, il aurait dit comme l'homme : « Mon compagnon se mourait; il *fallait* y aller. » — Le tempérament impulsif est propre à prendre, suivant les circonstances et l'éducation, la direction du bien ou celle du mal. Un enfant de Lyon se vanta un jour à son école d'avoir noyé trois de ses camarades dans le Rhône. « Ils m'avaient ennuyé, je les ai poussés et je les ai regardés se débattre. » Il n'avait aucun remords. Un an après, il sauvait trois personnes en danger.

en l'air jusqu'à ce que j'eusse perdu de vue la tortue... Je puis affirmer qu'aucun événement dans ma vie ne m'a laissé d'impression aussi profonde et aussi durable [1]. »
Dans ce nouvel exemple l'action soudaine du devoir est plus remarquable encore que dans le précédent, parce qu'elle *suspend* une action commencée et oppose un obstacle brusque à la décharge nerveuse qui allait se produire : c'est un coup de théâtre, une révélation subite. La puissance du sentiment est mieux mise en relief par un arrêt que par une impulsion, par une défense que par un ordre ; aussi, après une expérience de ce genre, le sentiment de devoir peut déjà revêtir pour la conscience réfléchie un caractère mystique qu'il n'a pas toujours dans les autres cas. Lorsque l'intelligence se trouve mise d'une manière aussi soudaine en présence d'un instinct profond et fort, elle est portée à une sorte de respect religieux. Ainsi, au point de vue de la pure dynamique mentale où nous nous plaçons, le devoir peut déjà produire un sentiment de respect qu'il tire à la fois de sa grande puissance suspensive et de son origine mystérieuse [2].

L'action du sentiment moral acquiert un caractère de

---

[1]. Autre cas de suspension brusque produite par le sentiment de devoir mêlé à la sympathie et à la reconnaissance. Un homme, avec la ferme intention de se noyer, s'est jeté récemment dans la Seine, près du pont d'Arcole. Pour le sauver, un ouvrier saute dans une barque, manœuvre maladroitement ; la barque, heurtée contre un pilier du pont, chavire, et le sauveteur disparaît sous l'eau au moment où l'autre remonte à la surface : ce dernier, abandonnant aussitôt son projet de suicide, nage vers son sauveteur et le ramène sain et sauf sur la berge.

[2]. Rappelons que certains instincts chez les animaux possèdent le même pouvoir de suspendre l'action commencée. Le *chien d'arrêt* dont parle Darwin se sent pour ainsi dire cloué à sa place comme par un ordre mystérieux, au moment où tous ses autres

plus en plus remarquable lorsqu'elle prend la forme non plus d'une impulsion ou d'une répression subite, mais d'une pression intérieure, d'une *tension* constante. Dans la majorité des cas et chez la majorité des gens, le sentiment de devoir n'est pas violent, mais il est durable : à défaut de l'intensité, il a pour lui le temps, qui est encore le plus puissant des facteurs. Une tension peu forte, mais agissant d'une manière continue et toujours dans le même sens, doit nécessairement triompher de résistances beaucoup plus vives, mais qui se neutralisent l'une l'autre. Lorsque pour la première fois, dans l'âme de Jeanne Darc, apparut distinctement l'idée fixe de secourir la France, cette idée ne l'empêcha pas de rentrer ses moutons à la ferme; mais plus tard, cette même idée devait faire dévier toute sa vie de jeune paysanne, changer le sort de la France et par là modifier d'une manière appréciable la marche de l'humanité. Si donc nous considérons le sentiment de devoir dans ses analogies, non plus avec la force vive, mais avec la force de tension, nous pourrons nous rendre mieux compte, d'abord de sa puissance, et ensuite de la forme spéciale que cette puissance prend dans l'esprit : nous voulons parler de l'obligation morale.

L'obligation morale n'a rien qui ressemble à la contrainte extérieure, et en effet, ce n'est pas un déploiement de force vive, ce n'est pas une poussée violente dans tel ou tel sens. Lorsque je dis : je suis nécessité *moralement* à tel

instincts le portent à s'élancer en avant; supposons qu'il soit assez intelligent pour comparer sa conduite à celle de ses camarades les chiens courants, comme Parker comparait la sienne à celle des autres enfants américains : il pourra s'étonner, sentir en lui l'action d'une puissance supérieure à sa pensée réfléchie, éprouver peut-être quelque chose de cette « horreur religieuse » qui est un trait distinctif du sentiment du devoir.

ou tel acte, cela paraît signifier tout autre chose que : je ne puis pas ne pas le faire. Il semblerait donc que le sentiment d'obligation échappât au domaine de la dynamique mentale; mais nous croyons qu'il renferme encore une certaine force de tension. Cette force peut appartenir à tout instinct remplissant les conditions suivantes : 1° être à peu près *indestructible;* 2° être à peu près *constant* et ne pas avoir les intermittences de la faim par exemple; 3° se trouver en *harmonie*, et non en *opposition*, avec ceux des autres penchants qui favorisent le maintien de l'espèce (conséquemment avec toutes les forces sociales, opinion, coutume, sympathie, éducation, etc.).

Remarquons-le d'abord, ce qu'on appelle d'habitude l'*obligation morale* ne comporte pas toujours l'exécution immédiate de l'acte ni même d'une manière générale son exécution : elle accompagne l'idée d'un acte *possible* et non pas toujours *nécessaire*. Le devoir n'est plus en ce cas un penchant irrésistible, mais durable. Comme l'a montré Darwin, nous acquérons vite l'expérience que ce penchant n'est pas détruit par sa violation : le mécontentement que nous éprouvons après y avoir désobéi, nous prouve notre impuissance à déraciner l'instinct que nous avons eu le pouvoir de violer. Cet instinct peut être, à chaque instant de la durée, inférieur à la somme de forces qu'exige l'action à accomplir, mais il apparaît dans la conscience comme devant remplir toute la durée et il acquiert ainsi une puissance d'un genre nouveau. Nous avons donc, parmi les forces intérieures, le sentiment d'une force qui n'est pas *insurmontable*, mais qui est pour nous *indestructible* (ou du moins qui nous semble telle d'après une série d'expériences). L'*obligation*, sous ce rapport, c'est la *prévision de la durée indéfinie d'un penchant, l'expérience de son indestructibilité*. Aussi n'y a-t-il pas conscience claire du lien de l'obligation avant qu'il n'y ait eu remords, c'est-à-dire persistance de l'instinct malgré sa violation : la « faute » est un élément nécessaire dans la formation de la conscience morale. — Au fond, c'est l'idée de temps qui donne son caractère particulier à cet instinct du devoir où Kant voyait la manifestation de l'intemporel. Dans l'entraînement de la passion, l'intensité actuelle des penchants entre seule dans le compte des forces qui agissent sur le cerveau : l'avenir ou le passé n'ont pas d'influence ; or, le passé et l'avenir, rappelés ou entrevus, sont une condition de la moralité. La pression des instincts utiles à l'espèce se trouve accrue à l'infini lorsque dans notre imagination elle se multiplie par tous les moments du temps. Un être, pour devenir moral, doit vivre dans la durée.

On connaît les exemples par lesquels Darwin montre que, si les animaux avaient notre intelligence, leur instinct donnerait lieu à un sentiment d'obligation. Ce sentiment d'obligation est indépendant de la *direction* morale ou non morale de l'instinct ; il dépend seulement de son intensité, de sa durée et de la résistance ou du secours qu'il rencontre dans le milieu. « Supposons, dit Darwin, pour prendre un cas extrême, que les hommes se fussent produits dans les conditions de vie des abeilles : il n'est pas douteux que nos femelles non mariées, à l'instar des abeilles ouvrières, considéreraient comme un devoir sacré de tuer leurs frères, et que les mères tenteraient de détruire leurs filles fécondes, sans que personne y trouvât à redire[1]. »

---

1. Voir *The descent of man* et notre *Morale anglaise contemporaine*. — On pourrait chercher une vérification empirique de ces théories

Maintenant, pourquoi l'instinct du devoir, qui s'est trouvé en fait coïncider chez l'homme avec l'instinct social et humanitaire, est-il si impossible à assouvir et ne prend-il pas la forme périodique des autres instincts ? — Il y a deux sortes d'instincts : les uns portent à réparer une dépense de forces, les autres à en produire une. Les premiers sont bornés par leur objet même : ils disparaissent une fois le besoin assouvi; ils sont périodiques et non continus. La polyphagie par exemple est une rareté. Les autres tendent fort souvent à devenir continus, inassouvis. C'est ainsi que, chez certains organismes dépravés, l'instinct sexuel peut perdre son caractère habituel de

sur le rapport de l'instinct et de l'obligation ; il faudrait pour cela continuer d'une manière méthodique les expériences commencées par MM. Charcot et Richet sur ce que nous appellerons les *suggestions morales* dans le somnambulisme provoqué. D'après ces expériences, un ordre donné à une somnambule pendant son sommeil est exécuté par elle au réveil, plus ou moins longtemps après, sans qu'elle puisse interpréter elle-même les raisons qui l'ont poussée à agir : le magnétiseur semble avoir pu ainsi créer de toutes pièces une tendance intérieure, un penchant persistant dans l'ombre et s'imposant à la volonté du patient. Dans ces curieux exemples, le rêve du somnambule le domine et dirige encore sa vie après son réveil : c'est comme un instinct artificiel à l'état naissant. Voici par exemple un cas curieux observé par M. Richet. Il s'agit d'une femme qui avait la manie de ne pas manger assez. Un jour, pendant son sommeil, M. Richet lui dit qu'il fallait manger beaucoup. Étant réveillée, elle avait complètement oublié la recommandation ; cependant, les jours suivants, la religieuse de l'hôpital prit M. Richet à part pour lui dire qu'elle ne comprenait rien au changement accompli chez la malade. « Maintenant, dit-elle, elle me demande toujours plus que je ne lui donne. » Si le fait a été exactement observé, il y a là non seulement exécution d'un ordre particulier, mais impulsion inconsciente se rapprochant beaucoup de l'instinct naturel. En somme tout instinct naturel ou moral dérive, selon la remarque de Cuvier, d'une sorte de somnambulisme, puisqu'il nous donne un ordre dont nous ignorons la raison: nous entendons la « voix de la conscience, » périodicité et de régularité pour devenir nymphomanie ou satyriasis. Tout instinct portant à une dépense de forces peut devenir ainsi *insatiable :* débauche intellectuelle, amour de l'argent, du jeu, de la lutte, des voyages, etc. Il faut distinguer aussi entre les instincts qui exigent une dépense de forces variée, ou ceux qui exigent toujours la même dépense. Ceux qui s'appliquent à un organe déterminé s'épuisent très facilement. Ceux qui renferment une série de tendances indéterminées (comme par exemple l'amour de l'exercice, du mouvement, de l'action) ne peuvent qu'être bien plus difficilement assouvis, parce que la variété de la dépense constitue une sorte de repos.

sans savoir d'où elle vient. Pour varier les expériences, il faudrait ordonner à la patiente, non seulement de manger, mais par exemple de se lever matin tous les jours, de travailler assidûment. On pourrait en venir à modifier par degrés de cette manière le caractère moral des personnes, et le somnambulisme provoqué pourrait prendre de l'importance, comme moyen d'action, dans l'hygiène morale de quelques malades. Si on pouvait réellement créer ainsi un instinct artificiel, nous ne doutons pas qu'une certaine obligation mystique ne s'attachât à cet instinct, — pourvu qu'il ne rencontrât pas la résistance d'autres penchants préexistants et plus vivaces.

On pourrait aussi faire l'expérience inverse et voir s'il ne serait pas possible d'annuler, par une série d'ordres répétés, tel ou tel instinct naturel. On dit qu'on peut faire perdre à une somnambule la mémoire, par exemple la mémoire des noms; on peut même, selon M. Richet, faire perdre *toute* la mémoire (*Rev. philos.*, 8 octobre 1880); il ajoute : « Cette expérience ne doit être tentée qu'avec une grande prudence; j'ai vu survenir dans ce cas une telle terreur et un tel désordre dans l'intelligence, désordre qui a persisté pendant un quart d'heure environ, que je ne voudrais pas recommencer souvent cette tentative dangereuse. » Si l'on identifie la mémoire, comme la plupart des psychologues, avec l'habitude et l'instinct, on pensera qu'il serait possible aussi d'anéantir provisoirement ou tout au moins d'affaiblir chez une somnambule tel instinct, même des plus fondamentaux et des plus obligatoires,

L'instinct social et moral, en tant que force mentale, est de ce genre : il est donc parmi ceux qui deviennent facilement insatiables et continus.

Que se produit-il, lorsqu'un instinct quelconque est ainsi devenu insatiable? — Toutes les fois qu'il s'agit d'un instinct peu varié dans ses manifestations, il se produit un épuisement de l'organisme, qui ne peut suffire alors à combler la dépense. La nymphomane n'a pas d'enfants. Une trop grande dépense cérébrale arrête aussi la fécondité, tue avant l'âge. L'amour exagéré du danger et de la guerre multiplie les risques et diminue les chances de vie. Mais il y a de rares penchants qui peuvent devenir insatiables sans s'opposer à la multiplication de l'espèce et en la favorisant au contraire. En première ligne est, tout naturellement, le penchant altruiste : c'était celui qui pouvait le mieux produire un sentiment fort et persistant après une satisfaction passagère. Même au point de vue physiologique, il est possible

comme l'instinct maternel, la pudeur, etc. Et maintenant il faudrait savoir si cette suppression de l'instinct ne laisserait pas quelques traces après le réveil. On pourrait alors éprouver la force de résistance des divers instincts, par exemple des instincts moraux, et constater lesquels sont les plus profonds et les plus tenaces, des penchants égoïstes ou altruistes. On pourrait en tous cas tenter l'expérience pour les habitudes ou manies héréditaires, on pourrait voir si une série d'ordres ou de conseils longtemps répétés pendant le sommeil pourrait atténuer par exemple la manie des grandeurs ou des persécutions. On commanderait d'aimer ses ennemis au fou qui se croit un objet de haine; on défendrait la prière à celui qui croit entrer en communication directe avec Dieu, etc. En d'autres termes on essayerait de contre-balancer une manie naturelle par une autre artificielle, créée pendant le sommeil. On aurait ainsi dans le somnambulisme un sujet d'observations psychologiques et morales bien plus riche que dans la folie. L'un et l'autre sont des détraquements du mécanisme mental ; mais, dans le somnambulisme provoqué, ce détraquement peut être calculé et réglé par le magnétiseur.

de montrer ainsi la nécessaire formation de l'instinct social et moral.

L'instinct esthétique, qui porte l'artiste à rechercher les belles formes, à agir selon un ordre et une mesure, à parfaire tout ce qu'il fait, est très voisin des penchants moraux et peut comme eux donner naissance à un certain *sentiment* d'obligation : l'artiste se sent intérieurement obligé à produire, à créer, et à créer des œuvres harmonieuses ; il est froissé par une faute de goût aussi vivement que bien des consciences vulgaires par une faute de conduite ; il éprouve sans cesse, au sujet des formes, des couleurs ou des sons, ce double sentiment de l'indignation et de l'admiration qu'on pourrait croire réservé aux jugements moraux. L'artisan même, le bon ouvrier fait avec complaisance ce qu'il fait, aime son travail, ne peut consentir à le laisser inachevé, à ne pas polir son œuvre. Cet instinct, qui doit se retrouver jusque dans l'oiseau bâtissant son nid, et qui a éclaté avec une puissance extraordinaire chez certains tempéraments d'artistes, chez un peuple comme les Grecs, aurait pu sans doute en se développant donner lieu à une *obligation esthétique* analogue à l'obligation morale ; mais l'instinct esthétique n'était lié qu'indirectement à la propagation de l'espèce : pour cette raison il ne s'est pas généralisé assez et n'a pas acquis une intensité suffisante. Il n'a pris de réelle importance que là où il touchait à la sélection sexuelle : dans les rapports des sexes, le goût esthétique a quelque chose d'un lien moral ; le dégoût, si on veut lui faire violence, s'achève en une sorte de remords. Le dégoût esthétique qu'éprouve un individu pour certains individus de l'autre sexe s'observe jusque chez les animaux : on sait qu'un étalon dédaignera les juments trop grossières auxquelles on veut l'accoupler.

Chez l'homme ce même sentiment, — lié d'ailleurs à une foule d'autres, sociaux ou moraux, — produira des effets bien plus marqués : les négresses que leurs maîtres voulaient accoupler comme les animaux et marier de force à des mâles choisis par eux sont allées jusqu'à étrangler les enfants de cette union forcée (et pourtant la promiscuité est fréquente chez les nègres). Un homme qui cherche à assouvir son désir brutal avec une femme physiquement et esthétiquement trop au-dessous de lui, en éprouve ensuite une honte intérieure : il a le sentiment d'une dégradation de la race. La jeune fille qui épouse, afin d'obéir à ses parents, un homme qui lui déplaît, a pu ensuite ressentir un dégoût assez fort, assez voisin du remords moral, pour se jeter par la fenêtre de la chambre nuptiale. En tous ces exemples le sentiment esthétique produit les mêmes effets que le sentiment moral : génie et beauté obligent ; comme toute puissance que nous découvrons en nous, ils nous confèrent à nos propres yeux une dignité et nous imposent un devoir. Si le génie avait été absolument nécessaire à chaque individu pour vaincre dans la lutte de la vie, il se serait sans doute généralisé : l'art serait aujourd'hui un fonds commun aux hommes, comme la vertu.

En dehors de l'instinct moral et esthétique, l'un de ceux qui ont pu, chez certains individus, se développer assez pour que l'école anglaise y vît un analogue du sentiment d'obligation, c'est le penchant si souvent invoqué en exemple par cette école : l'avarice. Mais, même au point de vue étroit et encore grossier où nous nous plaçons ici, remarquons l'infériorité de ce penchant par rapport à l'instinct moral. L'avarice, en diminuant le confort de la vie, produit le même effet que la misère ; elle ne favorise pas la fécondité, car l'avare a peur d'avoir des enfants ; en outre, chez l'enfant dont le développement a été gêné par l'avarice paternelle, une réaction se produit fort souvent qui le pousse à la prodigalité. Enfin, raison décisive, l'avarice n'ayant pas d'utilité sociale, n'a pas été encouragée par l'opinion. Supposez une société d'avares : chacun n'aura qu'un but, transformer son voisin en prodigue, afin de mettre la main sur son or ; si pourtant, par impossible, des avares s'entendaient parfaitement entre eux et s'excitaient mutuellement à l'avarice, vous ne tarderiez pas à voir naître un *devoir de parcimonie* aussi fort comme sentiment que bien d'autres devoirs. Chez nos paysans français, et surtout chez les israélites, on peut trouver cette obligation peu morale élevée à peu près au niveau des devoirs moraux. Un membre d'une société avare se sentirait sans doute plus *obligé* à la parcimonie qu'à la tempérance par exemple, ou au courage ; il éprouverait plus de remords pour avoir manqué à la première obligation qu'aux autres.

De ce qui précède on peut déjà conclure, indépendamment de beaucoup d'autres considérations, que les devoirs moraux, formes diverses de l'instinct social ou altruiste, ne pouvaient pas ne pas naître, et qu'il n'en pouvait guère naître d'autres. Une nouvelle raison qui devait assurer le triomphe de l'instinct moral, c'est l'impossibilité d'assouvir le remords, de le faire cesser par une bonne action, comme on fait cesser la faim. La faim apaisée, la peine qu'on a éprouvée n'est plus qu'un souvenir vague, qui s'efface ; il n'en est pas de même du remords ; le passé apparaît comme ineffaçable et à jamais cuisant. Au reste, tous les besoins qui ne sont pas trop purement animaux n'admettent pas non plus ces sortes de compensations que permet la faim ou la soif. Tel est l'amour. On peut regretter indéfiniment l'heure d'amour que vous offrait la femme aimée et que vous avez laissé échapper sans avoir pu la retrouver jamais: l'amant ne peut pas, comme dans une comédie de Shakspeare, remplacer une femme par une autre.

> Je ne vis qu'elle était belle
> Qu'en sortant des grands bois sourds...
> — Soit, n'y pensons plus, dit-elle, —
> *Et moi, j'y pense toujours...*

Enfin l'avantage le plus considérable des instincts moraux, c'est qu'ils ont pour eux le dernier mot. Si je me suis dévoué, ou bien je suis mort, ou bien je survis avec la satisfaction du devoir accompli. Les instincts égoïstes, eux, sont toujours contrariés dans leur triomphe. Jouir de la satisfaction du devoir accompli, c'est oublier la peine qu'on a prise pour l'accomplir. Au contraire, la pensée qu'on a manqué au devoir apporte quelque chose d'amer jusque dans le plaisir. En général, le souvenir du travail, de la tension, de l'effort déployé pour la satisfaction d'un instinct quelconque, s'efface très vite ; mais le souvenir de l'instinct non satisfait persiste aussi longtemps que l'instinct lui-même. Léandre oubliait vite avec Héro l'effort déployé pour traverser l'Hellespont ; il n'eût pas pu oublier Héro dans les bras d'une autre amante.

L'instinct moral une fois établi avec sa force obligatoire, dans quel ordre a-t-il donné naissance aux différents devoirs ? — Dans un ordre souvent inverse de l'ordre logique adopté par les moralistes. La plupart des moralistes mettent en premier lieu les devoirs envers soi-même, la conservation de la dignité intérieure ; ils placent ensuite les devoirs de justice avant les devoirs de charité. Cet ordre n'a rien d'absolu, et l'ordre tout contraire s'est souvent produit : le sauvage ignore le plus souvent la justice et le droit proprement dit, mais il est susceptible d'un mouvement de pitié ; il ignore la tempérance, la pudeur, etc., et au besoin il risquera sa vie pour sa tribu. La tempérance, le courage, sont en grande partie des vertus sociales et dérivées. La tempérance, par exemple, est encore dans les masses une vertu sociale : si un homme du peuple, au repas où on l'a invité, ne mange pas et ne boit pas largement, comme au cabaret, c'est plutôt par peur d'inconvenance, ou par crainte d'une indigestion, que par un sentiment de délicatesse morale. Le courage n'existe guère sans un certain désir de la louange, de l'honneur ; il s'est développé beaucoup, comme l'a montré Darwin, par l'effet de la sélection sexuelle. Enfin, les devoirs envers soi-même, tels que les comprend un moderne, se ramènent en grande partie aux devoirs envers autrui.

Les moralistes distinguent les devoirs négatifs et les devoirs positifs, l'abstention et l'action. L'abstention, qui suppose qu'on est maître de soi, *sui compos*, est première au point de vue moral : c'est la justice ; mais elle est beaucoup moins primitive au point de vue de l'évolution. Une des choses les plus difficiles à obtenir des êtres primitifs, c'est précisément l'abstention. Aussi ce qu'on nomme le droit et le devoir strict est le plus souvent postérieur au devoir large ; il offre aux peuples primitifs un caractère souvent moins obligatoire. Se jeter dans la mêlée pour secourir un compagnon apparaîtra à un sauvage (et à bien des hommes civilisés) comme plus obligatoire et plus honorable que de s'abstenir de lui prendre sa femme. Il y a dans l'effort qu'exige l'abstention un déploiement de volonté parfois plus grand que dans l'action, mais moins visible ; de là vient que les moralistes ont été portés à lui attribuer une importance secondaire : on ne sent pas l'effort d'Hercule soulevant un fardeau à bras tendu, précisément parce que ce bras est immobile et ne tremble pas ; mais cette immobilité coûte plus d'énergie intérieure que bien des mouvements.

Nous n'avons considéré jusqu'à présent le sentiment moral que comme un sentiment spontané, encore irraisonné quant à son principe. Que va-t-il se produire lorsque ce sentiment deviendra réfléchi, raisonné ; lorsque l'homme moral voudra expliquer les causes de son action et la légitimer ? A en croire M. Spencer, l'obligation morale, qui implique résistance et effort, devra disparaître un jour pour laisser place à une sorte de spontanéité morale. L'instinct altruiste sera si incomparablement fort que, sans lutte, il nous entraînera. Nous ne mesurerons même pas sa puissance, parce que nous n'aurons pas la tentation d'y résister. Alors, pourrait-on dire, la force de tension que possède l'idée du devoir se transformera en force vive dès que l'occasion se produira, et nous n'en prendrons pour ainsi dire conscience que comme force vive. Un jour viendra, dit même M. Spencer, où l'instinct altruiste sera si puissant que les hommes se disputeront les occasions de l'exercer, les occasions de sacrifice et de mort.

M. Spencer va trop loin. Il oublie que, si la civilisation tend à développer indéfiniment l'instinct altruiste, si elle transforme peu à peu les règles les plus hautes de la morale en simples règles de *convenance* sociale, presque de civilité, d'autre part la civilisation développe indéfiniment l'intelligence réfléchie, l'habitude de l'observation intérieure et extérieure, l'esprit scientifique en un mot. Or l'esprit scientifique est le grand ennemi de tout instinct : c'est la force dissolvante par excellence de tout ce que la nature a lié.

## L'INSTINCT DISSOUS PAR LA RÉFLEXION.

C'est l'esprit révolutionnaire : il lutte sans cesse contre l'esprit d'autorité au sein des sociétés ; il luttera aussi contre l'autorité au sein de la conscience. Quelque origine qu'on attribue à l'impulsion du devoir, si cette impulsion n'est pas justifiée de tous points par la raison, elle pourra se trouver gravement modifiée par le développement continu de la raison chez l'homme. La nature humaine, — disait un douteur chinois à Mencius, le disciple fidèle de Confucius, — est si malléable et si flexible qu'elle ressemble à la branche du saule ; l'équité et la justice sont comme une corbeille tissée avec ce saule. — Mais l'être moral a besoin de se croire un chêne au cœur ferme, de ne pas se sentir céder comme le saule au hasard de la main qui le touche ; si sa conscience n'est qu'une corbeille tissée par l'instinct avec quelques branches ployantes, la réflexion pourra bien défaire ce que l'instinct avait fait. Le sens moral perdra alors toute résistance et toute solidité. Nous croyons qu'il est possible de démontrer scientifiquement la loi suivante : *tout instinct tend à se détruire en devenant conscient*[1].

---

1. Voir notre *Morale anglaise contemporaine* (partie II, livre III). C'est ce que nous concède M. Ribot (*L'hérédité psychologique*, 2ᵉ éd., p. 342); mais il ajoute : « L'instinct ne disparaît que devant une forme d'activité mentale qui le remplace en faisant mieux..... L'intelligence ne pourrait tuer le sentiment moral qu'en trouvant mieux. » Assurément, à condition qu'on prenne le mot *mieux* dans un sens tout physique et mécanique ; par exemple, il est *mieux*, il est préférable pour le coucou de pondre dans le nid des autres oiseaux, mais cela ne semble pas être *mieux* absolument parlant, ni surtout pour les autres oiseaux. Une *amélioration* au point de vue de l'individu et même de l'espèce pourrait donc ne pas être toujours identique avec ce que nous appelons « *l'amélioration morale.* » Il y a là en tous cas une question qui mérite examen : c'est précisément celle que nous examinons dans ce volume.

On nous a fait sur ce point, en France comme en Angleterre, un certain nombre d'objections tendant à établir que les théories morales sont sans influence sur la pratique. Nous avions montré que le sens moral, si par hypothèse on le dépouille de toute autorité vraiment rationnelle, se trouve réduit au simple rôle d'obsession constante ou d'hallucination. On nous a répondu que le sens moral n'a rien de commun avec une hallucination, car il n'est pas du tout un jugement ni une opinion. « La conscience n'*affirme* pas, elle *commande*, et un commandement peut être sage ou fou, non vrai ou faux[1]. » — Mais, dirons-nous à notre tour, ce qui constitue précisément le caractère non sensé d'un commandement, c'est qu'il ne s'explique point par des raisons plausibles, c'est-à-dire qu'il correspond à une vue *fausse* de la réalité. Tout commandement renferme ainsi une « affirmation, » et implique non seulement « folie » ou « sagesse, » mais erreur ou vérité. De même, toute affirmation renferme implicitement une règle de conduite : un fou n'est pas seulement *trompé* par les idées qui l'obsèdent, il est *dirigé* par elles ; nos illusions nous commandent et nous gouvernent. Le sentiment moral qui m'empêche de tuer agit sur moi, comme *sentiment*, par les mêmes ressorts que le penchant immoral qui pousse un maniaque à tuer ; nous sommes *mus* tous deux de la même manière, mais d'après des motifs ou des mobiles contraires. Il faut donc toujours en venir à examiner si mon motif à moi possède plus de valeur rationnelle que celui de l'assassin. Tout est là. Si maintenant, pour apprécier la valeur rationnelle des motifs, on s'en rapporte à un critérium purement positif et scientifique, il se produira un certain

---

[1]. Voir M. Pollock, dans le *Mind* (t. IV, p. 446).

nombre de conflits entre l'utilité publique et l'utilité personnelle, conflits qu'il est bon de prévoir. Quant à espérer que l'instinct pourra trancher ces conflits à lui seul, nous ne le croyons pas ; au contraire, l'instinct se trouvera de plus en plus altéré chez l'homme par les progrès de la réflexion.

Nous ne saurions donc nous accorder avec nos critiques d'Angleterre sur ce point essentiel : — L'*éthique*, qui est une systématisation de l'évolution morale dans l'humanité, est-elle sans influence sur cette évolution même et ne peut-elle en modifier le sens d'une façon importante ? En termes plus généraux, tout phénomène qui arrive à la conscience de soi ne se transforme-t-il pas sous l'influence même de cette conscience ? — Nous avons remarqué ailleurs que l'instinct de l'allaitement, si important chez les mammifères, tend de nos jours à disparaître chez beaucoup de femmes. Il y a un phénomène bien plus essentiel encore, — le plus essentiel de tous, — celui de la génération, qui tend à se modifier d'après la même loi. En France (où la majorité du peuple n'est pas retenue par des considérations religieuses), la volonté personnelle se substitue partiellement, dans l'acte sexuel, à l'instinct de reproduction. De là, en notre pays, l'accroissement très lent de la population, qui produit à la fois notre infériorité numérique sur les autres nations continentales et notre supériorité économique (très provisoire d'ailleurs et déjà compromise). Voilà un frappant exemple de l'intervention de la volonté dans la sphère des instincts. L'instinct, n'étant plus protégé par une *croyance* religieuse ou morale, devient impuissant à fournir une règle de conduite. La règle est empruntée à des considérations toutes rationnelles et généralement à des considérations de pure utilité personnelle, nullement d'utilité sociale. Le plus important devoir de l'individu, c'est pourtant la génération, qui assure la durée de la race. Aussi, dans bien des espèces animales, l'individu ne vit que pour engendrer, et la mort suit immédiatement la fécondité. De nos jours ce devoir, primitif dans toute l'échelle animale, se trouve relégué au dernier rang chez la race française, qui semble poursuivre de propos délibéré le maximum de l'infécondité. Il ne s'agit pas ici de blâmer, mais de constater. La disparition graduelle et nécessaire de la religion et de la morale absolue nous réserve beaucoup de surprises de ce genre ; s'il n'y a point à s'en épouvanter, au moins faut-il chercher à les prévoir dans un intérêt scientifique.

Autre remarque : le simple excès de scrupules peut en venir à dissoudre l'instinct moral ; par exemple, chez les confesseurs et chez leurs pénitentes. Bagehot remarque de même qu'en raisonnant à l'excès sur la pudeur, on peut l'affaiblir et graduellement la perdre. Toutes les fois que la réflexion se porte constamment sur un instinct, sur un penchant spontané, elle tend à l'altérer. Ce fait s'expliquerait peut-être physiologiquement, par l'action modératrice de l'écorce grise sur les centres nerveux secondaires et sur toute action réflexe. Toujours est-il que, si un pianiste par exemple joue par cœur un morceau appris mécaniquement, il faut qu'il le joue avec confiance et rondeur, sans s'observer de trop près, sans vouloir se rendre compte du mouvement instinctif de ses doigts : raisonner un système d'actions réflexes ou d'habitudes, c'est toujours le troubler[1].

L'instinct moral, que l'évolution tend à fortifier de tant

---

1. Voir sur ce point les *Problèmes de l'esthétique contemporaine*, p. 137.

de manières, pourra donc recevoir quelque altération du développement excessif de l'intelligence réfléchie. Il faut distinguer sans doute avec soin, dans la morale, les théories métaphysiques et la moralité pratique : cette distinction, nous l'avons faite nous-même ailleurs; mais nous ne pouvons accorder aux philosophes anglais que les théories n'influent jamais sur la pratique, ou du moins influent aussi peu qu'ils le soutiennent. MM. Pollock et Leslie Stephen comparent la morale à la géométrie : les hypothèses relatives à la réalité du devoir, nous dit M. Pollock, n'ont pas plus d'influence sur la conduite que les hypothèses relatives à la réalité de l'espace et de ses dimensions. MM. Pollock et Leslie oublient que, si l'espace a quatre dimensions au lieu de trois, cela n'intéresse ni mes jambes ni mes bras, qui s'agiteront toujours dans les trois dimensions connues; s'il existait au contraire pour moi un moyen de me mouvoir selon des dimensions nouvelles et que cela pût m'être avantageux en quoi que ce soit, je m'empresserais d'essayer, et je travaillerais de toutes mes forces à détruire mon intuition primitive de l'espace. C'est précisément ce qui arrive en morale : tout un champ d'activité, fermé jusqu'alors par le fantôme de l'idée du devoir, s'ouvre quelquefois devant moi; si je m'aperçois qu'il n'y a aucun mal réel à ce que je m'y exerce librement, mais au contraire tout bénéfice pour moi, comment n'en profiterais-je pas? La différence entre les spéculations scientifiques ordinaires et les spéculations sur la morale, c'est que les premières indiquent de simples alternatives pour la pensée, tandis que les secondes indiquent en même temps des alternatives pour l'action. Tous les possibles aperçus par la science sont ici réalisables pour nous-mêmes : c'est à moi de réaliser l'*hyperespace*.

Le résultat que nous prédit M. Spencer, — disparition

graduelle du sentiment d'obligation,—pourrait donc s'obtenir d'une tout autre manière que celle dont il parle. L'obligation morale disparaîtrait non pas parce que l'instinct moral serait devenu irrésistible, mais au contraire parce que l'homme ne tiendrait plus compte d'aucun instinct, raisonnerait absolument sa conduite, déroulerait sa vie comme une série de théorèmes. On peut dire que pour Vincent de Paul l'obligation morale, dans ce qu'elle a de pénible et d'austère, avait disparu : il était *spontanément* bon ; mais on peut dire aussi que pour Spinoza elle avait également disparu : il s'était efforcé de combattre tout préjugé moral, il n'obéissait à un instinct que dans la mesure où il pouvait l'accepter de propos délibéré. C'était un être plutôt rationnel que moral. Il subissait, non plus l'obligation toujours obscure et pour ainsi dire opaque provenant de sa nature morale, mais l'obligation claire et comme transparente provenant de sa raison. Et là où cette obligation lui imposait une souffrance quelconque, il devait éprouver ce sentiment stoïque et d'origine intellectuelle, la résignation, plutôt que ce sentiment chrétien et d'origine mystique : la joie débordante du devoir accompli.

Quiconque s'analyse à l'excès, est nécessairement malheureux. Si donc il est possible que l'esprit d'analyse coûte un jour à quelques-uns leur moralité, il leur coûtera en même temps le bonheur : ce sont de trop grands sacrifices pour qu'ils puissent jamais tenter beaucoup de gens.

Pourtant la tâche du philosophe est de raisonner ses instincts mêmes ; il doit s'efforcer de justifier l'obligation, quoique l'effort même pour justifier le sentiment moral risque de l'altérer, — en rendant l'instinct conscient de lui-même, en rendant réfléchi ce qui était spontané.

Divers ordres de tentatives peuvent être faits pour cette

justification. Tantôt on considère le devoir, avec les platoniciens et les leibnitziens, comme une application de la *métaphysique;* tantôt, avec les Kantiens, on en fait une *certitude morale;* tantôt, avec certains néo-Kantiens comme M. Secrétan, on en fait un objet de *foi;* tantôt, avec un philosophe contemporain, M. Fouillée, on en fait un objet de *doute,* capable néanmoins de fonder une morale en partie positive et en partie hypothétique. Nous devons examiner tour à tour ces diverses conceptions d'un devoir supérieur au pur empirisme.

# LIVRE DEUXIÈME

## DIVERS ESSAIS
### POUR JUSTIFIER MÉTAPHYSIQUEMENT L'OBLIGATION

# LIVRE DEUXIÈME

DIVERS ESSAIS
POUR JUSTIFIER MÉTAPHYSIQUEMENT L'OBLIGATION.

---

## CHAPITRE PREMIER

Morale du dogmatisme métaphysique. — I. L'hypothèse optimiste. — II. L'hypothèse pessimiste. — III. L'hypothèse de l'indifférence de la nature.

La morale de la métaphysique réaliste admet un bien en soi, un bien naturel distinct du plaisir et du bonheur, une hiérarchie possible des biens dans la nature et, par cela même, une hiérarchie des différents êtres. Elle revient à la maxime antique : « se conformer à la nature. » — N'est-il point illusoire de chercher ainsi dans la nature un type du bien à réaliser par nous et qui nous *oblige*? Peut-on connaître le fond des choses et le vrai sens de la nature pour agir dans la même direction ? La nature a-t-elle même un sens ? — Trois hypothèses métaphysiques sont en présence : l'optimisme, le pessimisme, l'indifférence de la nature ; examinons-les tour à tour.

I

L'HYPOTHÈSE OPTIMISTE. — PROVIDENCE ET IMMORTALITÉ

I. — Les Platon, les Aristote, les Zénon, les Spinoza, les Leibnitz ont soutenu l'optimisme et essayé de fonder une morale objective en conformité avec cette conception du monde.

On sait toutes les objections auxquelles ce système a déjà donné lieu. En réalité, l'optimisme absolu est plutôt immoral que moral, car il enveloppe la négation du progrès. Une fois qu'il a pénétré dans l'esprit, il produit comme sentiment correspondant la satisfaction de toute réalité : au point de vue moral, justification de toute chose; au point de vue politique, respect de toute puissance, résignation passive, étouffement volontaire de tout sentiment du droit et en conséquence du devoir. Si tout ce qui existe est bien, il n'y faut rien changer, il ne faut pas vouloir retoucher l'œuvre de Dieu, ce grand artiste. De même, tout ce qui arrive est également bien; tout événement se justifie, puisqu'il fait partie d'une œuvre divine achevée en ses détails. On aboutit ainsi non seulement à l'excuse, mais à la divinisation de toute injustice. Nous nous étonnons aujourd'hui des temples que les anciens élevaient aux Néron et aux Domitien ; non seulement ils refusaient de comprendre le crime, mais ils l'adoraient : faisons-nous autre chose quand nous fermons les yeux sur la réalité du mal ici-bas, pour pouvoir ensuite déclarer ce monde divin et bénir son auteur ? Le culte des Césars était chez les Romains le signe d'un état moral inférieur ; réagissant sur cet état même, il les avilit encore, les dégrada davantage. On en peut dire autant du culte d'un dieu créateur, qui devrait répondre de tout et qui, en réalité, est l'irresponsabilité suprême. L'optimisme béat est un état analogue à celui de l'esclave qui se trouve heureux, du malade qui ne sent pas son mal : au moins ce dernier n'attribue-t-il pas un caractère divin à sa maladie. La charité même, pour subsister, a besoin de croire en la réalité des misères qu'elle soulage ; si la pauvreté, si la douleur, si l'ignorance (bienheureux les humbles d'esprit!), si tous les maux de ce monde ne sont pas de vrais maux, comment la charité pourra-t-elle garder le caractère rationnel qui est la condition d'existence de toute vertu ? Et quand la charité, comme une flamme sans aliment, s'éteindra, qui fera la valeur de votre monde, que vous imaginez comme une œuvre de charité, de bonté absolue ?

Le pessimisme même peut être souvent supérieur, comme valeur morale, à l'optimisme outré : il n'entrave pas toujours les efforts en vue du progrès ; s'il est pénible de voir tout en noir, c'est parfois chose plus utile que de voir tout en rose ou en bleu. Le pessimisme peut être le symptôme d'une surexcitation maladive du sens moral, froissé à l'excès par les maux de ce monde ; l'optimisme, lui, indique trop souvent une apathie, un engourdissement de tout sens moral. Quiconque ne réfléchit pas et se laisse aller à l'habitude est optimiste de tendance : le peuple ignorant, pris en masse, surtout dans les campagnes, est à peu près satisfait du temps présent, il est routinier ; le plus grand mal à ses yeux est le changement. Plus une population est inférieure, plus elle est aveuglément conservatrice, ce qui est la forme politique de l'optimisme. Aussi, rien de plus dangereux que de vouloir donner encore à l'optimisme une consécration religieuse et morale, d'en faire ainsi le principe directeur de la pensée et de la conduite : l'esprit humain peut être alors paralysé dans tous ses ressorts, l'homme peut être démoralisé par son dieu.

Qu'on me permette de raconter un rêve. Une nuit, — quelque ange ou quelque séraphin m'avait-il pris sur son aile pour m'emporter au paradis de l'évangile, auprès du « créateur » ? — je me sentais planer dans les cieux, au-dessus de la terre. A mesure que je m'élevais, j'entendais monter de la terre vers moi une longue et triste rumeur, semblable à la chanson monotone des torrents qui s'entend du haut des montagnes, dans le silence des sommets. Mais cette fois je distinguai des voix humaines : c'étaient des sanglots mêlés d'actions de grâce, des gémissements entrecoupés de bénédictions, c'étaient des supplications désolées, les soupirs de poitrines mourantes qui s'exhalaient avec de l'encens ; et tout cela se fondait en une seule voix immense, en une si déchirante symphonie que mon cœur se gonfla de pitié ; le ciel m'en parut obscurci, et je ne vis plus le soleil ni la gaieté de l'univers. Je me tournai vers celui qui m'accompagnait. « N'entendez-vous pas ? » lui dis-je. L'ange me regarda d'un visage serein et paisible : « Ce sont, dit-il, les prières des hommes qui, de la terre, montent vers Dieu. » Pendant qu'il parlait, son aile blanche brillait au soleil ; mais elle me parut toute noire et pleine d'horreur. « Comme je fondrais en larmes si j'étais ce Dieu ! » m'écriai-je, et je me mis en effet à pleurer comme un enfant. Je lâchai la main de l'ange et je me laissai retomber sur la terre, pensant qu'il restait en moi trop d'humanité pour que je pusse vivre au ciel.

Si l'optimisme, au lieu de considérer le monde comme actuellement bon, tente d'y rétablir la notion d'un progrès continu et réglé par une loi divine, réussira-t-il mieux à absoudre le monde et à fonder la moralité humaine? Nous ne le croyons pas.

Si on suppose avec les optimistes un but lointain qui serait le même pour tous les êtres, les moyens d'y arriver peuvent être si opposés, que le moraliste sera impuissant à déduire de la connaissance du but une règle pratique de conduite : tous les chemins mènent à Rome ; peut-être aussi une foule de chemins mènent-ils au but universel, et l'injustice peut-elle servir comme la justice. La lutte est parfois, pour l'humanité même, un moyen d'avancer aussi sûr que l'union, et on ne voit pas pourquoi, à un point de vue universellement optimiste, la bonne volonté humaine serait plus conforme aux fins cachées de la nature ou de Dieu que la mauvaise volonté. Même toute volonté consciente est souvent inutile, et le bien semble pouvoir, au moins en partie, se réaliser sans l'intervention de l'homme. Un rocher sur lequel vient se fendre le front d'un enfant peut servir plus que cet enfant à l'avenir du globe, puisqu'il concentre en lui depuis des milliers d'années une parcelle de la chaleur solaire et travaille, selon sa mesure, à ralentir le refroidissement terrestre. La morale du dogmatisme optimiste nous ordonne de contribuer au bien du tout ; mais il y a pour cela trop de voies possibles. Tout peut être utile. Le professeur de gymnastique qui, dans la même chambre, réunissait la figure de Jésus-Christ et son propre portrait, croyait faire autant que Jésus pour l'humanité. Il n'avait peut-être pas tort au regard de l'universelle et providentielle évolution. Les plus grands peuples ont été ceux qui étaient les plus forts et avaient le plus robuste appétit ; les Romains étonnèrent le monde par leur gourmandise ; les Anglais, les Allemands, les Russes (qui auront plus tard un rôle si important) sont de grands mangeurs ; l'égoïste même peut aussi travailler au perfectionnement universel : il peut produire une génération saine, vigoureuse, hardie. L'égoïsme a fait la grandeur de la race anglaise. Sous beaucoup de rapports, Érasme Darwin était un naïf égoïste : le génie de son petit-fils l'a justifié. Tout devient donc relatif, à ce point de vue des résultats pour l'ensemble. Qu'est-ce que les nègres, aux yeux des voyageurs, ont retiré de plus clair du christianisme ? La loi religieuse qu'on voulait leur inspirer ? Non, mais la propreté du dimanche. Et les peuples africains ou asiatiques, qu'ont-ils retiré du mahométisme ? Boire de l'eau.

Dans le grand organisme de l'univers, le microbe de la fièvre typhoïde ou du choléra a une fonction à remplir, qu'il ne peut pas et ne doit pas cesser de remplir ; l'homme a, lui aussi, des fonctions particulières, et l'homme de mal comme l'homme de bien. A une certaine distance le bien sort du mal. C'est ainsi que les grandes défaites, les grands sacrifices d'hommes sont souvent utiles aux peuples. Spinoza malade riait, dit-on, en voyant son araignée favorite dévorer les mouches qu'il lui jetait ; peut-être alors, par un retour sur lui-même, songeait-il à ce mal intérieur qui le dévorait ; peut-être souriait-il de se sentir, lui aussi, enveloppé dans quelque toile d'araignée invisible qui paralysait sa volonté, rongé silencieusement par la multitude des monstres infiniment petits. Encore une fois, dans l'immensité du monde, les voies et chemins suivis par chaque être, au lieu d'être parallèles ou d'être concentriques, s'entrecroisent, se coupent de toutes manières : celui qui se trouve par hasard au point d'intersection de ces voies est naturellement brisé. Il y a ainsi au fond de la nature, prétendue « aussi bonne que possible, » une immoralité fondamentale, qui tient à l'opposition des fonctions entre les êtres, à la catégorie de l'espace et de la matière. Dans l'optimisme absolu, le bien universel est une fin qui emploie et justifie tous les moyens.

Rien ne nous dit, d'ailleurs, que la ligne qui mène à ce bien universel passe directement par l'humanité et exige de tous les individus ce dévouement à l'humanité que les moralistes considèrent d'habitude comme le fond de l'obligation morale. Si un tigre croyait, en sauvant la vie d'un de ses semblables, travailler à l'avènement du bien universel, il se tromperait peut-être : il vaut mieux pour tous que les tigres ne s'épargnent point entre eux. Ainsi tout se confond et s'aplanit pour la métaphysique des hauteurs : bien et mal, individus et espèces, espèces et milieux ; il n'y a plus rien de vil, comme disait l'optimiste Spinoza, « dans la maison de Jupiter. »

On a essayé une dernière hypothèse pour sauver dans une certaine mesure l'optimisme, pour excuser la cause créatrice ou la substance éternelle, sans compromettre le sens moral et l'instinct du progrès. On s'est efforcé de montrer dans le mal physique (la souffrance) et le mal intellectuel (l'erreur, le doute, l'ignorance) une condition *sine qua non* du bien moral ; par là on espère les justifier. Le but de l'univers, dit-on, n'est pas extérieur à la volonté humaine : le but de l'univers, c'est la moralité ; or la moralité suppose choix et lutte, c'est-à-dire qu'elle suppose la réalité du mal physique ou intellectuel et la possibilité du mal moral. Il s'ensuit que tout le mal répandu si libéralement dans ce monde n'a qu'un objet : poser une alternative devant l'homme. Selon cette doctrine, où le platonisme vient se confondre avec le Kantisme, le monde même ne serait qu'une sorte de formule vivante du problème moral. Wéga de la Lyre ou Arcturus, tous les soleils, les étoiles et leurs satellites rouleraient à jamais dans l'espace pour qu'ici-bas, un jour, une heure (peut-être jamais jusqu'ici, selon Kant), un petit mouvement de désintéressement se produise, pour qu'un verre d'eau soit donné dans une intention vraiment bonne à quelqu'un qui a soif.

Cela est beau, mais comment déduire un « devoir catégorique » d'une hypothèse aussi incertaine, aussi contraire, semble-t-il, aux faits ? Si le monde ne vaut que comme une simple matière à la charité, son existence paraît difficile à justifier et les voies de Dieu sont bien tortueuses.

L'hypothèse que nous examinons présuppose l'existence du libre arbitre, d'une puissance de choix (au moins nouménale) : sans liberté absolue, point de responsabilité absolue, ni de mérite ou de démérite. Acceptons sans examen toutes ces notions : on peut encore démontrer à leurs partisans que ce monde, fait selon eux en vue de la moralité, est loin d'être le meilleur possible sous ce rapport. En effet, si le mérite est en raison directe de la souffrance, je puis fort bien imaginer un monde où la souffrance serait beaucoup plus intense encore que dans celui-ci; où le tiraillement entre le bien et le mal serait beaucoup plus déchirant; où le devoir, rencontrant plus d'obstacles, serait plus méritoire. Supposons même que le Créateur entasse tant d'obstacles devant sa créature qu'il devienne très difficile à celle-ci de ne pas céder, de ne pas être entraînée vers le mal, le mérite de la créature, si par un effort suprême elle triomphe, sera infiniment plus grand. Si ce qu'il y a de plus beau au monde pour Dieu, c'est la résignation de Job ou le dévouement de Régulus, pourquoi les occasions de ces hautes vertus sont-elles si rares, et pourquoi le progrès les rend-il tous les jours plus rares encore? En notre siècle, un général d'armée qui ferait comme Décius ne favoriserait nullement la victoire de ses soldats; au contraire, son héroïsme serait une faute de tactique. Le niveau de la vertu s'abaisse tous les jours. Nous n'éprouvons plus de ces puissantes tentations qui faisaient frémir les corps musculeux de saint Jérôme et de saint Antoine. Le progrès va le plus souvent à l'encontre du développement de la vraie moralité, de celle qui ne naît pas toute faite, mais se fait elle-même. J'ai peut-être en moi une énergie de volonté qui, il y a une quinzaine de siècles, m'eût transformé en martyr ; de nos jours, je reste bon gré mal gré un homme ordinaire, faute de bourreaux. Que notre siècle, en somme, est pauvre de vrai mérite, quelle décadence aux yeux d'un partisan de la liberté et de la moralité absolues ! Si le monde n'a pour but que de nous poser le problème moral, il faut convenir que la barbarie le posait avec bien plus de force que la civilisation. Nous sommes trop heureux aujourd'hui pour être profondément moraux. Nous pouvons, en général, satisfaire si facilement nos désirs en faisant le bien, que ce n'est presque plus la peine de faire le mal, du moins le mal plein et grossier. Quand le Christ fut tenté, c'était dans un désert, sur la montagne ; il était presque nu, épuisé par le jeûne ; de nos jours, où la plupart sont bien vêtus et ne jeûnent plus, on ne voit plus le diable d'aussi près ; mais aussi, s'il n'y a plus de tentateur, il n'y a plus de Christ.

Pour expliquer le monde, vous établissez une sorte d'antinomie entre le bonheur sensible et la vertu; vous dites : le monde est d'autant plus parfait qu'il est moins heureux, parce que la perfection est dans la volonté triomphant de la douleur et du désir[1]; eh bien! précisément au nom de la même antinomie, on peut encore condamner ce monde. Chacun de ses progrès peut être considéré comme un pas en arrière. Chaque qualité héréditaire que nous acquérons avec le temps supprime quelque chose du caractère absolu de la volonté primitive. Pour tout autre être que pour Dieu, le seul moyen de se rapprocher de l'absolu, c'est la pauvreté, la souffrance et le labeur; tout ce qui peut limiter au dehors la puissance d'un être lui permet de la mieux déployer au dedans. Les stoïciens se plaisaient à répéter qu'Eurysthée n'avait pas été l'ennemi ni l'envieux d'Hercule, mais au contraire son ami et son bienfaiteur; ils disaient que chacun de nous a aussi un Eurysthée divin, qui l'exerce sans cesse à la lutte; ils représentaient le monde entier, le grand Être vivant, comme une sorte d'Alcide en travail. Soit; mais, encore une fois, notre Eurysthée est bien peu ingénieux à multiplier nos épreuves et nos labeurs. Le sort nous gâte aujourd'hui, comme les grands-pères gâtent dans la famille les petits enfants. Nous vivons dans un milieu trop facile et trop large, et le perpétuel agrandissement de notre intelligence étouffe par degrés notre volonté. Il faut être logique : vous ne pouvez justifier le monde qu'en plaçant le bien ou la condition du bien précisément dans ce que tous les êtres considéraient jusqu'alors comme un mal; la conséquence, c'est que, les êtres travaillant tous à éviter ce qu'ils considèrent comme un mal,

---

1. Voir ces idées résumées dans Vallier, *de l'Intention morale* (G. Baillière, 1882).

ils travaillent tous contre votre théorie, et l'évolution de l'univers va dans un sens diamétralement contraire à votre prétendu bien. Alors vous condamnez l'œuvre même que vous vouliez absoudre. Chacun est libre de placer le bien où il l'entend, mais, de quelque façon qu'il l'entende, il ne peut faire que ce monde soit vraiment bon. On ne peut même pas se consoler en pensant qu'il est le plus mauvais des mondes possibles, et qu'il constitue ainsi l'épreuve suprême pour la volonté. L'univers n'est point une œuvre extrême, en mal comme en bien ; ce serait quelque chose d'être absolument mauvais, et l'absolu n'est point de ce monde. Rien ici-bas ne nous fait éprouver la satisfaction de quelqu'un qui voit un but poursuivi et touché. Il est impossible de montrer un plan dans l'univers, — même celui de tout abandonner à la spontanéité méritoire des êtres. Le monde n'a point sa fin en nous, pas plus que nous n'avons dans le monde notre fin fixée d'avance. Rien n'est fixé, arrangé et prédéterminé ; il n'y a point « d'adaptation » primitive et préconçue des choses les unes aux autres. Cette adaptation supposerait d'abord un monde des idées préexistant au monde réel, puis un *démiurge* arrangeant les choses sur le plan donné, comme fait un architecte : l'univers ressemblerait alors à certains palais d'exposition, dont toutes les pièces, construites à part l'une de l'autre, n'eurent besoin ensuite que d'être ajustées l'une à l'autre. Mais non : c'est plutôt un de ces édifices étranges auxquels chacun a travaillé de son côté, sans se préoccuper de l'ensemble ; il y a autant de fins et de plans qu'il y a d'ouvriers. C'est un désordre superbe, mais une telle œuvre manque trop d'unité pour qu'on puisse ou la blâmer ou la louer absolument. Y voir la complète réalisation d'un idéal quelconque, c'est rabaisser son idéal, conséquemment se rabaisser soi-même ; c'est une erreur qui peut devenir une faute. Celui qui a un dieu devrait le respecter trop pour en faire un créateur du monde.

II. — Le refuge de l'optimisme, c'est l'immortalité personnelle, qui serait la grande excuse de Dieu. La croyance en l'immortalité supprime tout sacrifice définitif, ou du moins réduit ce sacrifice à peu de chose. Devant l'infinité de la durée, la souffrance ne paraît plus qu'un point, et même la vie actuelle tout entière diminue étrangement de valeur.

L'idée du devoir absolu et celle de l'immortalité sont intimement liées : le devoir présent à la conscience constitue pour les spiritualistes la marque distinctive de l'individu dans le flux des générations animales, son sceau de souveraineté, son titre à une place à part dans le « règne des fins. » Si au contraire le devoir absolu se ramène à une illusion, l'immortalité perd sa principale raison d'existence, l'homme devient un être comme un autre ; il n'a plus la tête dans une lumière mystique, comme le Christ sur la montagne, qui se transfigurait en s'élevant et apparaissait de niveau avec les prophètes divins planant dans le ciel. Aussi l'immortalité a-t-elle toujours été le principal problème de la morale comme de la religion. On l'avait mal posé autrefois en le confondant avec celui de l'existence de Dieu. Au fond, l'humanité se soucie assez peu de Dieu ; pas un martyr ne se serait sacrifié pour ce solitaire des cieux. Ce qu'on voyait en lui, c'était la puissance capable de nous rendre immortels. L'homme a toujours voulu escalader le ciel, et il ne le peut pas tout seul : il a inventé Dieu pour que Dieu lui tendît la main; puis il s'est attaché d'amour à ce sauveur. Mais on dirait demain aux quatre cents millions de chrétiens : Il n'y a pas de Dieu; il y a seulement un paradis, un homme-christ, une vierge-mère et des saints, — ils se consoleraient bien vite.

L'immortalité nous suffit, en effet. Pour moi, je ne demande pas de « récompense, » je ne mendie pas : rien que la vie; être réuni à ceux que j'ai aimés; l'éternité de l'amour, de l'amitié, du désintéressement. Je me rappelle mon long désespoir le jour où, pour la première fois, il m'est entré dans l'esprit que la mort pouvait être une extinction de l'amour, une séparation des cœurs, un refroidissement éternel; que le cimetière avec ses tombes de pierre et ses quatre murs pouvait être la vérité; que du jour au lendemain les êtres qui faisaient ma vie morale me seraient enlevés, ou que je leur serais enlevé et que nous ne serions jamais rendus les uns aux autres. Il y a de certaines cruautés auxquelles on ne croit pas, parce qu'elles vous dépassent trop ; on se dit : c'est impossible, parce qu'intérieurement on pense : comment pourrais-je faire cela ? La nature se personnifie à vos yeux : sa lumière semble une grâce qui vous est adressée; il y a dans toutes ses créatures une telle surabondance de jeunesse et d'espérance, que vous vous laissez, vous aussi, étourdir par cet entraînement de la vie universelle.

Ainsi la forme antique du problème religieux et moral, l'existence de Dieu, se ramène à cette forme nouvelle : l'immortalité. Cette question, à son tour, revient à savoir si dès maintenant *je* suis, moi; ou si ma personnalité est une illusion, et si, au lieu de dire *moi*, il faut que je dise *nous, le monde*. Au cas où dans la nature un seul être, si chétif qu'il fût en apparence, pourrait dire *moi*, sans doute il serait éternel. Il y a ici deux grandes hypothèses en présence. D'abord, fusion réelle de tous les *moi* apparents l'un dans l'autre, pénétrabilité réelle de toutes les consciences dans la nature, réduction de toutes les prétendues unités substantielles à des multiplicités phénoménales, perspectives fuyantes ouvertes en nous-mêmes comme au dehors de nous-mêmes, et où l'œil se perd. Au lieu de cela, autre hypothèse : la nature ayant un but, l'individu. Comme un arbre immense dont la sève vient finalement se concentrer en quelques noyaux, peut-être aussi, en quelque point, la sève de la nature se ramasse-t-elle pour s'épanouir plus tard. Les individus formeraient alors des groupements durables ; n'y a-t-il pas aussi des îlots dans l'océan ? De plus, certains de ces individus tiendraient l'un à l'autre, s'attacheraient assez pour ne se séparer jamais. S'il pouvait suffire de s'aimer assez pour s'unir ! Cette union serait alors l'éternité : l'amour nous rendrait éternels.

Par malheur, il y a bien des objections contre l'immortalité. Une première, et des plus graves, peut se tirer de la doctrine de l'évolution. Le caractère de toute intégration, de toute individuation, c'est d'être provisoire, de ne servir qu'à préparer une intégration plus large, une individuation plus riche. Un individu n'est pour la nature qu'un temps d'arrêt qui ne peut être définitif, sans quoi elle se trouverait arrêtée dans sa marche. Les anciens qui, avec Platon, se figuraient la nature comme dominée par des types immuables auxquels elle conforme éternellement ses créations, pouvaient supposer que ses œuvres les plus réussies, les plus rapprochées du type éternel, participaient à l'éternité : si la nature agissait d'après des types, des *espèces*, des idées, nous pourrions espérer, en nous façonnant sur ces idées, de devenir nous aussi immortels. Mais de nos jours prédomine une conception bien différente. On pouvait encore croire au commencement de ce siècle que l'immobilité des espèces animales supposé un plan préconçu, une idée à jamais imposée à la nature vivante ; depuis Darwin nous voyons dans les espèces mêmes des types passagers que la nature transforme avec les siècles, des moules qu'elle pétrit elle-même au hasard et qu'elle ne tarde pas à briser l'un après l'autre. Si l'espèce est provisoire, qu'est-ce donc que l'individu ? Il y a entre l'individu et l'espèce une solidarité qui n'a pas toujours été comprise. On répète sans cesse que l'individu et l'espèce ont des intérêts contraires, que la nature sacrifie l'un à l'autre ; — ne serait-il pas aussi vrai et plus vrai de dire qu'elle les sacrifie l'un et l'autre, et que, ce qui condamne l'individu, c'est précisément la condamnation de son espèce ? Si l'espèce était immuable, nous pourrions espérer d'être sauvés par notre conformité avec elle. Mais non, tout est entraîné par le même tourbillon, espèces et individus ; tout passe, roule à l'infini. L'individu est un composé d'un certain nombre de pensées, de souvenirs, de volontés correspondant entre elles, de forces en équilibre. Cet équilibre ne peut subsister que dans un certain milieu intellectuel et physique qui lui soit favorable ; or, ce milieu ne peut lui être fourni que pendant un certain temps. L'homme, dans sa constitution, ne peut pas avoir deviné l'éternité. Il n'y a de progrès indéfini en tous sens ni pour un individu ni pour une espèce : l'individu et l'espèce ne sont que des moyens termes entre le passé et l'avenir ; le triomphe complet de l'avenir a besoin de leur disparition.

Passons à une seconde objection qu'on peut faire à

l'immortalité. Si la pensée, si la volonté était immortelle, c'est qu'il y aurait en elle une puissance supérieure à la nature, capable de la dominer, de la dompter : la vie, dans cette hypothèse, serait une sorte de lutte de l'esprit contre la nature, la mort serait la victoire. Mais alors, ces âmes victorieuses, pourquoi se retirent-elles à l'écart, loin de l'éternel combat qui continue de se livrer sans elles ? Pourquoi nous abandonnent-elles ? et puisque leur puissance n'a pu être diminuée par la mort, pourquoi ne mettent-elles pas cette puissance au service des hommes, leurs frères ? Elle était profonde sans le savoir, cette croyance des anciens qui voyaient partout autour d'eux se mouvoir et agir l'âme des ancêtres, qui sentaient revivre à leurs côtés les morts, peuplaient le monde d'esprits et douaient ces esprits d'une puissance plus qu'humaine. Si la pensée traverse la mort, elle doit devenir pour autrui une providence. Il semble que l'humanité ait le droit de compter sur ses morts comme elle compte sur ses héros, sur ses génies, sur tous ceux qui marchent devant les autres. S'il est des immortels, ils doivent nous tendre la main, nous soutenir, nous protéger : pourquoi se cachent-ils de nous ? Quelle force ne serait-ce pas pour l'humanité de sentir avec elle, comme les armées d'Homère, un peuple de dieux prêt à combattre à son côté ! Et ces Dieux seraient ses fils, ses propres fils, sacrés par le tombeau ; leur nombre irait s'agrandissant toujours, car la terre féconde ne cesse pas de produire la vie, et la vie se fondrait en immortalité. La nature créerait ainsi elle-même des êtres destinés à devenir sa propre providence. Cette conception est peut-être la plus primitive et en même temps la plus attrayante qui ait jamais tenté l'esprit humain : selon nous, elle est inséparable de la conception de l'immortalité. Si la mort ne tue pas, elle délivre : elle ne peut pas jeter les âmes dans l'indifférence ou l'impuissance ; il devrait donc y avoir, suivant l'antique croyance, des *esprits* répandus partout, actifs, puissants, providentiels. Les mythologies des anciens ou des sauvages, les superstitions de nos campagnards devraient être vraies. — Qui oserait pourtant l'affirmer aujourd'hui, ou seulement regarder la chose comme probable ? La science n'a jamais constaté une seule fois l'existence d'une intention bonne ou mauvaise derrière un phénomène de la nature ; elle tend à la négation des esprits, des âmes, et conséquemment de la vie immortelle. Croire à la science, semble-t-il, c'est croire à la mort.

Il y a une troisième objection. C'est chose illusoire que cette induction familière à la vie : je suis, donc je serai. Cette illusion n'en est pas moins naturelle. Encore aujourd'hui on trouve des peuplades de l'Afrique où l'on ne paraît même pas s'imaginer qu'il soit absolument nécessaire à l'homme de mourir : chez ces peuples, l'induction fondée sur la vie l'emporte encore sur celle de la mort. Nous n'en sommes plus là, nous, peuples civilisés : nous savons que notre vie actuelle a un terme ; nous espérons pourtant toujours qu'elle reprendra sous une autre forme. La vie répugne à se représenter et à affirmer la mort. La jeunesse est pleine d'espérance ; l'existence débordante et vigoureuse a peine à croire au néant. Celui qui sent en lui un trésor d'énergie et d'activité, une accumulation de forces vives, est porté à considérer ce trésor comme inépuisable. Beaucoup d'hommes sont comme les enfants : ils n'ont pas encore senti la limite de leurs forces. Un enfant me disait en voyant passer un cheval au galop dans un tourbillon de poussière : « Je courrais bien aussi vite, si je voulais, » — et il le croyait. Un enfant comprend difficilement que, ce qu'on veut de tout son cœur, on ne le puisse pas ; émerveillé de ce qu'il fait, il en conclut qu'il peut tout faire. Rien de plus rare que le juste sentiment du possible. Pourtant tout homme, quand il en vient aux prises dans la vie avec certains événements, se sent tout de suite tellement dominé, subjugué, qu'il perd même le sentiment de la lutte. Peut-on lutter contre la terre qui nous emporte autour du soleil? C'est ainsi que celui qui approche de la mort se sent réduit à rien, devenu un jouet pour une puissance incommensurable avec la sienne. Sa volonté, ce qu'il y a de plus fort en lui, ne résiste plus, se détend comme un arc brisé, se dissout graduellement, s'échappe à elle-même. Pour comprendre combien la vie est faible devant la mort, il faut avoir passé non par ces maladies violentes et brutales qui étourdissent comme un coup de massue, mais par ces maladies chroniques à longues périodes qui n'atteignent pas directement la conscience, qui s'avancent par des progrès lents et mesurés, qui même, obéissant à une sorte de rythme, semblent reculer parfois, vous permettent de refaire connaissance avec la vie, avec une demi-santé, puis de nouveau reviennent, s'abattent sur vous, vous étreignent. Alors le patient éprouve successivement les impressions de celui qui naît à la vie et de celui qui s'en va vers la mort. Il a pendant un temps les ardeurs de la jeunesse, puis l'épuisement, l'accablement du vieillard. Et pendant qu'il est jeune, il se sent plein de foi en lui-même, en la puissance de sa volonté; il se croit capable de dominer l'avenir, prêt à vaincre dans sa lutte contre les choses ; son cœur déborde d'espérance et se répand sur tout ; tout lui sourit, depuis les rayons du soleil et la feuille des arbres jusqu'au visage des hommes ; il ne voit plus dans la nature, cette indifférente, qu'une amie, une alliée, une volonté mystérieuse d'accord avec la sienne ; il ne croit plus à la mort, car la mort complète serait une sorte de défaillance de la volonté ; or, une volonté vraiment forte ne croit pas pouvoir défaillir. Ainsi il lui semble qu'à force de vouloir, il pourra conquérir l'éternité. Puis, sans qu'il s'en aperçoive clairement, cette plénitude de vie et de jeunesse qui faisait son espérance se dépense peu à peu, se retire de lui, se dérobe, comme l'eau d'un vase qui baisse invinciblement sans qu'on sache par où elle s'en va. En même temps sa foi dans l'avenir faiblit et se trouble : il se demande si la foi et l'espérance ne seraient point la conscience fugitive d'une activité momentanément puissante, mais bientôt subjuguée par des forces supérieures. En vain la volonté se tend alors et fait effort pour se relever, elle retombe bientôt de tout son poids, ployant sous l'organisme brisé comme un cheval abattu sous le harnais. Puis l'esprit s'obscurcit : on sent une sorte de crépuscule se faire en soi, se répandre sur toutes ses pensées, on sent venir le soir. On assiste à ce travail lent et triste de la dissolution qui suit nécessairement l'évolution : l'être par degrés se relâche et se fond ; l'unité de la vie se disperse, la volonté s'épuise en vain à rassembler, à maintenir sous une même loi ce faisceau d'êtres qui se divise et dont l'assemblage constituait le moi : tout se délie, se résout en poussière. Alors enfin, la mort devient moins improbable, moins inconcevable pour la pensée : l'œil s'y fait, comme il se fait à l'obscurité qui monte quand le soleil descend au-dessous de l'horizon. La mort n'apparaît plus que comme ce qu'elle est réellement : une extinction de la vitalité, un tarissement de l'énergie intérieure. Et la mort ainsi conçue laisse moins d'espoir : on se relève d'un étourdissement accidentel, mais comment se relever d'un entier épuisement ? Il suffit que l'agonie soit assez longue pour faire comprendre que la mort sera éternelle. On ne rallume pas un flambeau consumé jusqu'au bout. C'est bien là ce qu'il y a de plus triste dans les lentes maladies qui laissent la conscience jusqu'à la fin : c'est qu'elles enlèvent auparavant l'espérance ; c'est qu'on sent l'être miné jusque dans ses profondeurs, c'est qu'on ressemble à un arbre qui verrait se déchirer ses racines mêmes, à une montagne qui assisterait à son propre écroulement. On acquiert ainsi une sorte d'expérience de la mort ; on en approche assez pour que, par ce *passage à la limite* familier aux mathématiciens, on en obtient une connaissance approximative. Anéantissement, ou du moins dispersion, dissolution, — si c'est là le secret de la mort, il est sans doute navrant à connaître, mais il vaut mieux encore le connaître.

La vie vraiment éternelle serait celle qui n'aurait pas à se diviser elle-même pour parcourir les divisions du temps, qui serait présente à tous les points de la durée et embrasserait d'un seul coup toutes les différences qui constituent pour nous cette durée même. Alors nous nous représenterions, immobiles, des êtres toujours changeants ; ainsi, sur les cartes de météorologie, on prévoit et on représente par des lignes fixes le tourbillonnement de la tempête qui passe. Mais cette éternité, qu'on croit enviable, constituerait peut-être la plus grande des tristesses : car l'opposition serait plus grande entre nous et le milieu, le déchirement serait perpétuel. Nous verrions tout fuir avant même de nous y attacher. Le dieu des religions qui, éternel, se représente les êtres emportés par le temps, ne pourrait être que la suprême indifférence ou le suprême désespoir, la réalisation de la monstruosité morale ou du malheur.

Malgré toutes les objections des philosophes, l'homme aspirera toujours, sinon à l'éternité intemporelle, du moins à une durée indéfinie. La tristesse qu'apporte avec elle l'idée de temps subsistera toujours : — se perdre soi-même, s'échapper à soi-même, laisser quelque chose de soi tout le long de la route, comme le troupeau laisse des flocons de laine aux buissons. « Désespoir de sentir s'écouler tout ce qu'on possède, » disait Pascal. Quand on se retourne en arrière, on se sent le cœur fondre, comme le navigateur emporté dans un voyage sans fin et qui apercevrait en passant les côtes de sa patrie. Les poètes ont senti cela cent fois. Mais ce n'est pas un désespoir personnel : toute l'humanité en est là. Le désir de l'immortalité n'est que la conséquence du souvenir : la vie, en se saisissant elle-même par la mémoire, se projette instinctivement dans l'avenir. Nous avons besoin de nous retrouver et de retrouver ceux que nous avons perdus, de réparer le temps. Dans les tombes des anciens peuples, on accumulait tout ce qui était cher au mort : ses armes, ses chiens, ses femmes ; ses amis mêmes se tuaient parfois sur la tombe, ils ne pouvaient admettre que l'affection pût être brisée comme un lien. L'homme s'attache à tout ce qu'il touche, à sa maison, à un morceau de terre ; il s'attache à des êtres vivants, il aime : le temps lui arrache tout cela, taille au vif en lui. Et tandis que la vie reprend son cours, répare ses blessures, comme la sève de l'arbre recouvre les marques de la cognée, le souvenir, agissant en sens inverse, le souvenir — cette chose inconnue dans la nature entière — garde les blessures saignantes et de temps en temps les ravive.

Mais ce souvenir des efforts passés et de leur inutilité finit par nous donner le vertige. Alors à l'optimisme succède le pessimisme. Le pessimisme se ramène au sentiment de l'impuissance, et c'est le temps qui nous donne à la fin ce sentiment. — Le monde, prétendent les stoïciens, est une grande fête. — Quand il en serait ainsi, répondent les pessimistes, une fête humaine ne dure qu'un jour, et le monde est éternel ; or, c'est encore une chose triste à imaginer qu'une fête éternelle, un jeu éternel, une danse éternelle comme celle des mondes. Ce qui était d'abord une joie et un motif d'espoir se change à la fin en accablement ; une grande fatigue vous prend : on voudrait aller à l'écart, dans la paix ; on ne le peut plus. Il faut vivre. Qui sait même si la mort sera le repos ? On est entraîné dans la grande machine, emporté par le mouvement universel, comme ces imprudents qui entraient dans le cercle mystérieux formé par les korigans ; une grande ronde les enlaçait, les entraînait, les fascinait, et, haletants, ils tournaient jusqu'à ce que la vie leur manquât avec l'haleine ; mais la ronde n'en était pas interrompue, elle se reformait plus rapide, et les malheureux, en expirant, voyaient encore à travers le nuage de la mort tourbillonner sur eux la ronde éternelle.

On comprend que les excès de l'optimisme aient produit la réaction pessimiste. Le germe du pessimisme est chez tout homme : pour connaître et juger la vie, ils n'est même pas besoin d'avoir beaucoup vécu, il suffit d'avoir beaucoup souffert.

## III

### HYPOTHÈSE PESSIMISTE

Le pessimisme n'est pas moins difficile à démontrer que l'optimisme : il n'est pas moins impossible de fonder une morale solide et objective sur un système que sur l'autre.

Le pessimisme a pour principe la possibilité d'une comparaison scientifique entre les peines et les plaisirs, comparaison dans laquelle les peines emporteraient la balance. Ce système peut s'exprimer ainsi : la somme des souffrances forme dans toute vie humaine un total supérieur à celui des plaisirs. D'où l'on conclut la morale du *nirvâna*. Mais cette formule qui se prétend scientifique n'a guère de sens. Veut-on comparer les douleurs aux plaisirs sous le rapport de la *durée ?* le calcul serait évidemment contraire aux pessimistes, car dans un organisme sain la douleur est généralement courte. Veut-on comparer les douleurs aux plaisirs sous le rapport de l'*intensité ?* Mais ce ne sont pas des valeurs fixes de même espèce, l'une positive, l'autre négative, l'une pouvant s'exprimer par le signe $+$, l'autre par le signe $-$. Il est d'autant plus impossible d'établir entre tel plaisir particulier et telle douleur une balance arithmétique, que le plaisir, variant en fonction de l'intensité du désir, n'est jamais le même dans deux instants de la vie, et que la douleur varie également selon la résistance de la volonté. En outre, quand nous nous représentons une souffrance ou un plaisir passés, les seuls dont nous ayons l'expérience, nous ne pouvons le faire qu'avec des altérations de toute sorte, des illusions psychologiques sans nombre.

En général, les pessimistes sont portés à comparer entre eux ces deux extrêmes, la volupté et la douleur : de là la prédominance que prend à leurs yeux cette dernière. La volupté proprement dite est après tout une rareté et un luxe ; beaucoup de gens préféreraient s'en passer et ne pas souffrir : la jouissance raffinée de boire dans une coupe de cristal n'est pas comparable à la souffrance de la soif. Mais la morale pessimiste ne tient pas compte du plaisir permanent et spontané de vivre : c'est que ce plaisir, étant continu, se raccourcit, s'amoindrit dans le souvenir. C'est une loi de la mémoire que les sensations et les émotions de même nature se fondent l'une dans l'autre, se ramassent en une sorte de monceau vague, puis finissent par n'être plus qu'un point insaisissable. Je vis, je jouis, et cette jouissance de vivre m'apparaît au moment actuel comme digne de prix ; mais, si je me reporte à mes souvenirs, je vois se mêler la série indéfinie de ces moments agréables qui font la trame de la vie, je les vois se réduire à peu de chose, parce qu'ils sont semblables et non interrompus ; en face d'eux grandissent au contraire les moments de volupté et de douleur, qui semblent isolés et font seuls saillie sur la ligne uniforme de l'existence. Or la volupté, ainsi détachée du plaisir général de vivre, ne suffit plus dans mon souvenir à contre-balancer la souffrance, et cela tient à d'autres lois psychologiques.

La volupté s'altère très vite dans le souvenir (surtout lorsqu'elle n'éveille plus le désir, qui entre comme composant dans toute sensation et dans toute représentation agréable). Au contraire il y a dans la douleur un élément qui ne s'altère pas avec le temps, et qui souvent s'accroît :

c'est ce que nous appellerons le sentiment de l'*intolérabilité*. Une vive douleur passée qui, en somme, avait été tolérée, peut apparaître comme absolument intolérable dans le souvenir, de telle sorte qu'au prix de cette douleur tous les plaisirs qui ont pu la précéder ou la suivre perdent leur prix : de là une nouvelle illusion d'optique dont il faut tenir compte. La douleur produit une sorte d'angoisse de tout l'organisme, un sentiment instinctif de danger qui se réveille au moindre souvenir ; la représentation même vague d'une douleur aura donc toujours un effet plus grand sur l'organisme que l'image d'une volupté non actuellement désirée. En général la peur est plus facile à exciter que le désir, et chez certains tempéraments la peur a tant de force que des hommes ont préféré la mort à une opération douloureuse ; cette préférence ne provenait assurément pas d'un mépris de la vie, mais de ce fait que la douleur apparaît parfois comme impossible à supporter et comme au-dessus des forces humaines : simple apparence d'ailleurs, qui s'explique par une faiblesse de caractère et en somme une lâcheté. Même chez un homme courageux, la prévision ou la mémoire d'une vive douleur retentira plus fortement sur la chair que celles d'un plaisir. Un soldat recueillant ses souvenirs de sang-froid se représentera avec une émotion plus vive la déchirure intérieure d'un coup de sabre que tel ou tel grand plaisir de sa vie, et cependant, au milieu de l'action, sa blessure lui aura semblé presque peu de chose auprès de la joie de vaincre ; mais la joie de la victoire correspondait à une excitation d'esprit qui a disparu, tandis que la pensée de sa blessure fait encore aujourd'hui frissonner ses membres. Nous nous sentons toujours prêts à souffrir ; tandis que la jouissance exige des conditions beaucoup plus complexes où nous ne pouvons que difficilement nous replacer par la pensée. La volupté et la douleur ne sont donc pas égales devant le souvenir.

Citons encore une autre cause d'erreur dans la comparaison des temps heureux et malheureux de la vie : c'est que les jours heureux sont ceux qui passent le plus vite et qui semblent les plus courts ; au contraire les jours malheureux s'allongent pour ainsi dire, occupent plus de place dans la mémoire.

En somme le pessimisme s'explique en partie par des lois psychologiques qui font que les plaisirs passés, dont on est rassasié, apparaissent comme ne valant pas les peines supportées. Mais d'autre part il y a d'autres lois psychologiques selon lesquelles les plaisirs futurs apparaissent toujours comme ayant une valeur supérieure aux peines qu'on supportera pour les atteindre. Ces deux lois se font équilibre : c'est ce qui explique ce fait qu'en général l'humanité n'est point pessimiste et que, de leur côté, les pessimistes les plus convaincus ne se donnent qu'assez rarement la mort ; on espère toujours quelque chose de l'avenir, même quand la considération du passé porte à désespérer. Il y a un plaisir qui meurt pour ainsi dire après chaque action accomplie, qui s'en va sans laisser de trace dans le souvenir, et qui pourtant est le plaisir fondamental par excellence : c'est le plaisir même d'agir. Il constitue en grande partie l'attrait de toutes les fins désirées par l'homme ; seulement cet attrait se retire d'elles une fois qu'elles sont atteintes, une fois que l'action est accomplie. De là l'étonnement de celui qui essaye de juger la vie en recueillant ses souvenirs, et qui ne retrouve plus dans les plaisirs passés une cause suffisante pour justifier ses efforts et ses peines : c'est dans la vie même, c'est dans la nature de l'activité qu'il faut chercher une justification de l'effort. Toutes les gouttes d'eau tombées d'un nuage ne rencontrent pas le calice d'une rose ; toutes nos actions n'aboutissent pas à une volupté précise et saisissable ; mais nous agissons pour agir, comme la goutte d'eau tombe par son propre poids : la goutte d'eau elle-même, si elle avait conscience, éprouverait une sorte de volupté vague à traverser l'espace, à glisser dans le vide inconnu. Cette volupté fait le fond de la vie ; seulement elle disparaît du souvenir, qui n'est plus l'inconnu, mais le connu, et qui ne nous offre tout ensemble que le *passé* et le *passif*.

La morale pessimiste repose donc, non sur un raisonnement scientifique, mais sur une pure appréciation individuelle où peuvent entrer comme éléments bien des erreurs. Perpétuellement nous échangeons des peines contre des plaisirs, des plaisirs contre des peines ; mais, dans cet échange, la seule règle de la valeur est l'offre et la demande, et on peut rarement dire *a priori* que telles douleurs l'emportent sur tels plaisirs. Il n'y a pas de douleurs que l'homme ne s'expose à supporter pour courir la chance de certains plaisirs, ceux de l'amour, de la richesse, de la gloire, etc. On ne cesse pas de rencontrer des hommes offrant de souffrir, offrant de peiner, même sans y être poussés par les nécessités de la vie. On peut en conclure que la souffrance n'est pas le mal le plus redoutable à l'homme, que l'*inaction* est souvent pire encore, qu'il y a de plus un plaisir particulier qui se dégage de la souffrance vaincue et en général de toute énergie déployée.

Le malheur comme le bonheur est en grande partie une construction mentale faite après coup. Il faut donc se défier également et de ceux qui se piquent d'avoir été parfaitement heureux et de ceux qui affirment avoir été parfaitement malheureux. Le bonheur achevé est fait avec du souvenir et du désir, comme le malheur absolu avec du souvenir et de la crainte. Nous n'avons presque jamais eu *conscience* d'être pleinement heureux, et pourtant *nous nous souvenons* de l'avoir été. Où donc est le bonheur absolu s'il n'est pas dans la conscience? Nulle part, c'est un rêve dont nous habillons la réalité, c'est l'embellissement du souvenir, comme le malheur absolu en est l'obscurcissement. Le bonheur, le malheur, c'est précisément le passé, c'est-à-dire ce qui ne peut plus être ; c'est aussi le désir éternel, qui ne sera jamais satisfait, ou la crainte toujours prête à renaître au moindre tressaillement d'alarme.

Le bonheur ou le malheur, dans le sens habituel où nous prenons ces mots, résulte ainsi d'une vue d'ensemble sur la vie humaine qui est souvent une illusion d'optique. Certaines rivières d'Amérique semblent rouler une masse d'eau noire, et cependant, si on prend un peu de cette eau dans le creux de la main, elle est limpide et cristalline : sa noirceur, qui effrayait presque, était un effet de masse et venait du lit où elle coule. De même, chacun des instants de notre vie pris à part peut avoir cette indifférence agréable, cette fluidité qui laisse à peine de trace sensible dans le souvenir ; pourtant l'ensemble paraît sombre, grâce à quelques moments de douleur qui projettent leur ombre sur tout le reste, ou heureux grâce à quelques heures lumineuses qui semblent pénétrer toutes les autres.

Dans toutes ces questions nous sommes donc enveloppés d'illusions sans nombre. Rien de réel et d'absolument certain que la sensation présente : il faudrait pouvoir comparer seulement des sensations *simultanées* de plaisir et de peine ; mais, toutes les fois que la comparaison porte sur des sensations passées ou à venir, elle implique erreur. On ne peut donc démontrer *par l'expérience* ni le *calcul* la supériorité de la quantité de peine sur celle de plaisir; au contraire l'expérience est contre les pessimistes, car l'humanité prouve sans cesse *a posteriori* la valeur de la vie en la recherchant sans cesse.

La morale pessimiste essayera-t-elle de démontrer son principe par quelque argument tiré non plus du calcul mathématique, mais de la nature même du plaisir ? Une des thèses du pessimisme, c'est que, le plaisir supposant le désir, et le désir se ramenant le plus souvent au besoin, conséquemment à la souffrance, le plaisir suppose ainsi la souffrance et n'est qu'un instant fugitif entre deux états pénibles. De là cette condamnation du plaisir qu'on retrouve, depuis Bouddha, dans la morale pessimiste. Mais il est très inexact de représenter ainsi le plaisir comme lié à une douleur parce qu'il est lié à un désir ou même à un besoin. Ce n'est qu'à partir d'un certain degré que le besoin devient souffrance ; la *faim*, par exemple, est douloureuse, mais l'*appétit* peut être fort plaisant à ressentir. L'aiguillon du besoin n'est plus alors qu'une sorte de chatouillement agréable. Loi générale : un besoin devient agréable chez tout être intelligent toutes les fois qu'il n'est pas trop violent et qu'il *a la certitude ou l'espoir* de sa satisfaction prochaine. Il s'accompagne alors d'une anticipation de jouissance. Certaines souffrances prétendues qui précèdent le plaisir, comme la faim, la soif, le frisson amoureux, entrent comme éléments dans l'idée que nous nous faisons du plaisir ; sans elles la jouissance est incomplète. Bien plus, prises en elles-mêmes, elles sont accompagnées d'une certaine jouissance, à condition de ne pas se prolonger trop ; quand l'amant rappelle ses souvenirs, les moments de désir lui apparaissent comme agréables au plus haut point ; ils encadrent l'instant du plaisir aigu, qui sans eux serait beaucoup trop court et trop fugitif.

Platon a dit avec raison que les douleurs peuvent entrer dans la composition des plaisirs ; mais les plaisirs en revanche n'entrent point dans la composition des douleurs. Le dégoût qui suit l'abus de certains plaisirs n'est pas du tout inséparable de leur usage ; il ne s'introduit pas comme élément dans la conception qu'on s'en fait. Le plaisir a donc cette supériorité sur la douleur qu'il peut ne pas la produire ; tandis que la douleur, au moins la douleur physique, ne peut pas ne pas produire le plaisir par sa simple disparition, et quelquefois s'associe tellement au plaisir qu'elle représente elle-même un moment agréable.

Les peines d'origine intellectuelle ne sont pas elles-mêmes absolument incompatibles avec les plaisirs : quand elles ne sont pas très vives, elles se fondent avec eux ; elles leur donnent seulement une couleur moins voyante, elles les pâlissent pour ainsi dire, ce qui ne leur messied pas. La mélancolie peut aiguiser certaines jouissances. De toutes parts donc, malgré les moralistes chagrins, le plaisir enveloppe la peine et vient même s'y mêler.

En outre, plus nous allons, plus se développent et prennent une part considérable dans notre vie des plaisirs qui correspondent rarement à un besoin douloureux, à savoir les plaisirs esthétiques et intellectuels. L'art est dans l'existence moderne une source considérable de jouissances, qui n'ont pour ainsi dire pas la peine pour contre-poids. Son but est d'arriver à remplir presque de plaisir les instants les plus ternes de la vie, c'est-à-dire ceux où nous nous reposons de l'action : il est la grande consolation de l'oisif. Entre deux dépenses de force physique, l'homme civilisé, au lieu de dormir comme fait le sauvage, peut encore jouir d'une manière intellectuelle ou esthétique. Et cette jouissance peut se prolonger plus qu'aucune autre : on entend intérieurement certaines symphonies de Beethoven longtemps après les avoir entendues par les oreilles; on en jouit avant, par anticipation, on en jouit pendant et après.

Pour résoudre (si tant est que ce soit possible) la question posée par la morale pessimiste, nous croyons qu'il faut s'adresser non seulement à la psychologie, mais à la biologie, et rechercher si les lois mêmes de la vie n'impliqueraient pas une plus-value du bien-être sur la peine. En ce cas, la morale positive que nous défendons aurait raison de vouloir conformer les actions humaines aux lois de la vie, au lieu de prendre pour but, comme la morale pessimiste, l'anéantissement final de la vie et du *vouloir-vivre*.

Tout d'abord quelle est la part des divers sens dans la douleur? Celle du sens de la vue est presque nulle, ainsi que celle de l'ouïe, car les dissonances sensibles à l'oreille et les laideurs choquant l'œil sont de légers froissements qu'il est impossible de mettre en balance avec les vives jouissances de l'harmonie et de la beauté. Le plaisir prédomine encore beaucoup dans les sensations provenant du goût et de l'odorat : comme en général on ne mange que ce qui plaît à ces deux sens, et qu'il faut manger pour vivre, la conservation même de la vie suppose une satisfaction périodique du goût comme de l'odorat (qui y est si intimement lié). Enfin, bien peu de vraies souffrances nous viennent du tact, si on localise ce dernier sens dans la main. Tous nos maux physiques ou à peu près ont donc leur origine dans le toucher général ou dans la sensibilité interne : lors même qu'il nous arriverait de ces deux directions plus de peines que de jouissances, on peut se demander si ces peines suffiraient encore à contre-balancer les plaisirs de toute sorte fournis par les autres sens. Mais une question se pose : est-il possible, au point de vue biologique, que, dans la sensibilité interne, les sentiments de malaise et de souffrance l'emportent en moyenne sur ceux de bien-être ?

Nous croyons qu'on peut faire une réponse décisive à cette question : si, dans les êtres vivants, les sentiments de malaise l'emportaient réellement sur ceux de bien-être, la vie serait impossible. En effet, le sens vital ne fait que nous traduire en langage de conscience ce qui se passe dans nos organes. Le malaise subjectif de la souffrance n'est qu'un symptôme d'un mauvais état objectif, d'un désordre, d'une maladie qui commence : c'est la traduction d'un trouble fonctionnel ou organique. Au contraire le sentiment de bien-être est comme l'aspect subjectif d'un bon état objectif. Dans le rythme de l'existence, le bien-être correspond ainsi à l'évolution de la vie, la douleur à sa dissolution. Non seulement la douleur est la conscience d'un trouble vital, mais elle tend à augmenter ce trouble même : il n'est pas bon dans une maladie de sentir trop son mal, ou cette sensation l'exagère ; la douleur, qui peut être considérée comme le retentissement d'un mal jusqu'au cerveau, comme un trouble sympathique apporté dans le cerveau même, est un nouveau mal qui s'ajoute au premier, et qui, réagissant sur lui, finit par l'augmenter. Ainsi la douleur, qui ne nous apparaissait tout à l'heure que comme la *conscience* d'une désintégration partielle, nous apparaît maintenant elle-même comme un *agent* de désintégration. L'excès de la douleur sur le plaisir est donc incompatible avec la conservation de l'espèce. Lorsque, chez certains individus, l'équilibre de la souffrance et de la jouissance est dérangé et que la première l'emporte, c'est une anomalie qui d'habitude ne tarde pas à amener la mort de l'individu : l'être qui souffre trop est impropre à la vie. Pour qu'un organisme subsiste, il faut que, si on le prend en entier, son fonctionnement garde une certaine régularité ; il faut que la douleur soit bannie ou tout ou au moins réduite à quelques points.

Aussi, plus la sélection naturelle s'exerce sans entraves, plus elle tend à éliminer les souffrants ; en tuant le malade, elle tue aussi le mal. Si de nos jours la philanthropie réussit à sauver un certain nombre d'infirmes, elle n'a pu encore sauver leur race, qui s'éteint en général d'elle-même. Supposons un navire dans la tempête, montant et descendant sur le dos des vagues : la ligne qu'il suit pourrait être représentée par une suite de courbes, dont une branche marque la direction de l'abîme, une autre celle de la surface des eaux : si à un moment du trajet la courbe descendante l'emportait sans retour, ce serait l'indice que le vaisseau s'enfonce et va sombrer. Ainsi en est-il pour la vie, ballottée entre les vagues du plaisir et de la douleur : si on figure ces ondulations par des lignes et que la ligne de la douleur s'allonge plus que l'autre, c'est que nous sombrons. Le tracé que la sensation imprime en notre conscience n'est qu'une figure représentant la marche même de la vie ; et la vie, pour subsister, a besoin d'être une perpétuelle victoire du plaisir sur la douleur.

Ce que nous disons ici de la vie physique, telle que nous la révèle le sens interne, est vrai aussi de la vie morale. Au moral comme au physique, la souffrance marque toujours une tendance à la dissolution, une mort partielle. Perdre quelqu'un d'aimé, par exemple, c'est perdre quelque chose de soi et commencer soi-même à mourir. La souffrance morale vraiment triomphante tue moralement, anéantit l'intelligence et la volonté. Aussi celui qui, après quelque violente crise morale, continue de penser, de vouloir et d'agir dans tous les sens, celui-là pourra souffrir, mais sa souffrance ne tardera pas à être contre-balancée, par degrés étouffée. La vie l'emportera sur les tendances dissolvantes.

Au moral comme au physique, l'être supérieur est celui qui unit la sensibilité la plus délicate à la volonté la plus forte ; chez lui, la souffrance est très vive sans doute, mais elle provoque une réaction plus vive encore de la volonté ; il souffre beaucoup, mais il agit davantage, et comme l'action est toujours jouissance, sa jouissance déborde généralement sa peine. L'excès de la souffrance sur le plaisir suppose une faiblesse ou une défaillance de la volonté, conséquemment de la vie même : la réaction du dedans ne répond plus à l'action du dehors. Toute sensation est une sorte de demande formulée devant l'être sentant : — Veux-tu être heureux ou malheureux ? veux-tu m'accepter ou me rejeter, te soumettre à moi ou me vaincre ? — A la volonté de répondre. Et la volonté qui faiblit se condamne elle-même, commence une sorte de suicide.

Dans la souffrance morale il faut distinguer entre celle qui est tout affective et celle qui est tout intellectuelle : il faut distinguer entre les pessimistes par système, comme Schopenhauer, et ceux qui le sont par déchirement réel du cœur. La vie des premiers peut ressembler à celle de tous, et ils peuvent être, en somme, fort heureux, car il est possible d'être intellectuellement triste sans l'être au fond même du cœur. Il ne se joue pas de drame dans l'intelligence seule, ou, s'il s'en joue à certaines heures, le rideau ne tarde pas à tomber doucement, comme de lui-même, sur cette scène encore trop extérieure à nous, et l'on rentre dans la vie commune, qui n'a rien en général de si dramatique. Les pessimistes par système peuvent donc avoir longue vie et longue postérité : c'est qu'ils sont heureux pour ainsi dire malgré eux. Mais il n'en est pas ainsi de ceux qui trouvent le monde mauvais parce qu'il est véritablement mauvais pour eux, de ceux chez qui la pensée pessimiste n'est qu'un abstrait de leurs propres douleurs. Ceux-là sont les plus à plaindre. Mais ils sont condamnés d'avance par la nature et pour ainsi dire par eux-mêmes : la pleine conscience de leur malheur n'est que la conscience vague de leur impossibilité de vivre. Toutes les souffrances physiques ou morales, hypocondrie, ambitions déçues, affections brisées, sont donc comme un air plus ou moins irrespirable. Les grands désolés, les malades du spleen, les mélancoliques vrais (il en est tant qui le sont par pose ou par système !) n'ont pas vécu ou n'ont pas fait souche. Ce sont des sensitives que brise un froissement. Les artistes de la douleur, les Musset, les Chopin, les Léopardi, les Shelley, les Byron, les Lenau, n'étaient pas faits pour la vie, et leur souffrance, qui nous a valu des chefs-d'œuvre, n'était que le résultat d'une mauvaise accommodation au milieu, d'une existence presque factice, qui peut se conserver un certain temps, mais qui ne peut guère se donner. Il est possible de rendre une sorte de vie artificielle à la tête d'un décapité : si alors sa bouche pouvait s'ouvrir et articuler des mots, ses paroles ne seraient assurément que des cris de douleur ; dans notre société il existe ainsi un certain nombre d'hommes chez lesquels le système nerveux prédomine à ce point qu'ils sont, pour ainsi dire, des cerveaux, des têtes sans corps : de tels êtres ne vivent que par surprise, par artifice ; ils ne peuvent parler que pour se plaindre, chanter que pour gémir, et leurs plaintes sont si sincères qu'elles nous vont jusqu'au cœur. Pourtant nous ne pouvons juger sur eux l'humanité pleine de vie, l'humanité d'où sortira l'avenir : leurs cris de douleur ne sont que le commencement de l'agonie.

Nous arrivons à cette conclusion qu'une certaine dose de bonheur est une condition même d'existence. M. de Hartmann suppose que, si la morale pessimiste triomphe un jour dans l'humanité, tous les hommes s'entendront pour rentrer eux-mêmes dans le néant : un suicide universel mettra fin à la vie. Cette conception naïve renferme pourtant cette vérité que, si le pessimisme s'implantait assez avant dans le cœur humain, il pourrait en diminuer par degrés la vitalité et amener, non pas le coup de théâtre un peu burlesque dont parle M. de Hartmann, mais un affaissement lent et continu de la vie : une race pessimiste, et réalisant en fait son pessimisme, c'est-à-dire augmentant par l'imagination la somme de ses douleurs, une telle race ne subsisterait pas dans la lutte pour l'existence. Si l'humanité et les autres espèces animales subsistent, c'est précisément que la vie n'est pas trop mauvaise pour elles. Ce monde n'est pas le pire des mondes possibles, puisque, en définitive, il est et demeure. Une morale de l'anéantissement, proposée à un être vivant quelconque, ressemble donc à un contre-sens. Au fond c'est une même raison qui rend l'existence possible et qui la rend désirable.

## III

### HYPOTHÈSE DE L'INDIFFÉRENCE DE LA NATURE.

Si la morale du dogmatisme cherche l'hypothèse la plus probable dans l'état actuel des sciences, elle trouvera que ce n'est ni l'optimisme ni le pessimisme : c'est l'indifférence de la nature. Cette nature aux fins de laquelle le dogmatisme veut que nous nous conformions, montre en fait une indifférence absolue : 1° à l'égard de la sensibilité; 2° à l'égard des directions possibles de la volonté humaine.

L'optimiste et le pessimiste, au lieu de chercher simplement à comprendre, sentent comme les poètes, sont émus, se fâchent, se réjouissent, mettent dans la nature du bien ou du mal, du beau ou du laid, des qualités; écoutez le savant, au contraire; il n'y a, pour lui, que des quantités, toujours équivalentes. La nature, à son point de vue, devient une chose neutre, inconsciente du plaisir comme de la souffrance, du bien comme du mal.

L'indifférence de la nature à nos douleurs ou à nos plaisirs est pour le moraliste une hypothèse négligeable, parce qu'elle est sans effet pratique : l'absence d'une providence soulageant nos maux ne changera rien à notre conduite morale, une fois admis que les maux de la vie n'excèdent pas en moyenne les jouissances, et que l'existence reste en elle-même désirable pour tout être vivant. Mais c'est l'indifférence de la nature au bien ou au mal qui intéresse la morale; or, de cette indifférence une foule de raisons peuvent être données. La première est l'*impuissance* de la volonté humaine relativement au tout, dont elle ne peut pas changer d'une manière appréciable la direction. Que sortira-t-il pour l'univers de telle action humaine ? Nous l'ignorons. Le bien, le mal, ne semblent pas plus d'essence contraire pour la nature que le froid et le chaud pour le physicien : ce sont des degrés de température morale, et il est peut-être nécessaire que, comme le chaud et le froid, ils se fassent équilibre dans l'univers. Peut-être le bien et le mal se neutralisent-ils au bout d'un certain temps dans le monde, comme se neutralisent dans l'océan les mouvements divers des vagues. Chacun de nous trace son sillage, mais la direction de ce sillage importe peu à la nature ; il est destiné à s'effacer rapidement, à disparaître dans la grande agitation sans but de l'univers : est-il bien vrai que les mers tremblent encore du sillage du vaisseau de Pompée ? L'océan lui-même a-t-il une vague de plus aujourd'hui qu'autrefois, malgré les milliers de vaisseaux qui courent maintenant sur ses flots ? Est-il sûr que les conséquences d'une bonne action ou d'un crime commis il y a cent mille ans par un homme de l'âge tertiaire, aient modifié le monde en quelque chose ? Confucius, Bouddha ou Jésus-Christ agiront-ils sur la nature dans un milliard d'années ? Supposez une bonne action d'un éphémère : elle meurt comme lui dans un rayon de soleil ; peut-elle retarder d'un millionième de seconde la chute de la nuit qui tuera l'insecte ?

Il y avait une femme dont l'innocente folie était de se croire fiancée et à la veille de ses noces. Le matin, en s'éveillant, elle demandait une robe blanche, une couronne de mariée, et, souriante, se parait. « C'est aujourd'hui qu'il va venir, » disait-elle. Le soir une tristesse la prenait, après l'attente vaine ; elle ôtait alors sa robe blanche. Mais le lendemain, avec l'aube, sa confiance revenait : « C'est pour aujourd'hui, » disait-elle. Et elle passait sa vie dans cette certitude toujours déçue et toujours vivace, n'ôtant que pour la remettre sa robe d'espérance. L'humanité est comme cette femme, oublieuse de toute déception : elle attend chaque jour la venue de son idéal; il y a probablement des centaines de siècles qu'elle dit : « c'est pour demain ; » chaque génération revêt tour à tour la robe blanche. La foi est éternelle comme le printemps et les fleurs. Toute la nature en est là peut-être, du moins la nature consciente et intelligente : peut-être, il y a une infinité de siècles, dans quelque étoile maintenant dissoute en poussière, espérait-on déjà le fiancé mystique. L'éternité, de quelque façon qu'on la conçoive, apparaît comme une déception infinie. N'importe ; la foi ferme cet infini désespérant : entre les deux abîmes du passé et de l'avenir, elle ne cesse de sourire à son rêve ; elle chante toujours le même chant de joie et d'appel, qu'elle croit nouveau et qui s'est déjà perdu tant de fois sans rencontrer aucune oreille; elle tend toujours ses bras vers l'idéal, d'autant plus doux qu'il est plus vague, et elle remet sur son front sa couronne de fleurs sans s'apercevoir que depuis cent mille ans elle est fanée.

M. Renan a dit : «Dans la pyramide du bien, élevée par les efforts successifs des êtres, chaque pierre compte. L'Égyptien du temps de Chéphrem existe encore par la pierre qu'il a posée.» — Où existe-t-il? dans un désert, au milieu duquel son œuvre se dresse sans but, aussi vaine dans son énormité que le plus mince des grains de sable de sa base. La « pyramide du bien » n'aura-t-elle point le même sort? Notre terre est perdue dans le désert des cieux, notre humanité même est perdue sur la terre, notre action individuelle est perdue dans l'humanité : comment unifier l'effort universel, comment concentrer vers un même but le rayonnement infini de la vie ? Chaque œuvre est isolée : c'est une infinité de petites pyramides microscopiques, de cristallisations solitaires, de monuments lilliputiens qui ne peuvent se superposer en un tout. L'homme juste et l'homme injuste ne pèsent probablement pas plus l'un que l'autre sur le globe terrestre, qui va son chemin dans l'éther. Les mouvements particuliers de leur volonté ne peuvent pas plus retentir sur l'ensemble de la nature que le battement de l'aile d'un oiseau volant au-dessus d'un nuage n'est capable de rafraîchir mon front. La formule célèbre : *ignorabimus*, peut se transformer en celle-ci : *illudemur* ; l'humanité marche enveloppée du voile inviolable de ses illusions.

Une seconde raison que l'« indifférentisme » peut opposer à l'optimisme, c'est que le grand tout, dont nous ne pouvons changer la direction, n'a lui-même aucune direction morale. Absence de fin, *amoralité* complète de la nature, neutralité du mécanisme infini. Et en effet, l'effort universel ne ressemble guère à un travail régulier, ayant son but ; il y a longtemps qu'Héraclite l'a comparé à un jeu ; — ce jeu, c'est celui de la bascule, qui provoque si bien les éclats de rire des enfants. Chaque être fait contrepoids à un autre. Mon rôle dans l'univers est de paralyser je ne sais qui, de l'empêcher de monter trop haut ou de descendre trop bas. Nul de nous n'entraînera le monde, dont la tranquillité est faite de notre agitation.

Au fond du mécanisme universel on peut supposer une sorte d'atomisme moral, la mise en lutte d'une infinité d'égoïsmes. Il pourrait y avoir alors dans la nature autant de centres que d'atomes, autant de fins qu'il y a d'individus, ou du moins autant de fins qu'il y a de collections conscientes, de sociétés, et ces fins pourraient être opposées ; l'égoïsme serait alors la loi essentielle et universelle de la nature. En d'autres termes, il y aurait coïncidence de ce que nous appelons la volonté immorale chez l'homme avec la volonté normale de tous les êtres. Ce serait peut-être là le scepticisme moral le plus profond. Tout individu ne serait alors qu'une bulle de savon, ne vaudrait pas plus qu'elle. Toute la différence entre le *toi* et le *moi*, ce serait que, dans le premier cas, nous sommes en dehors de la bulle, dans le second, en dedans ; l'intérêt personnel ne serait qu'un point de vue, le droit en serait un autre ; mais il est naturel de donner la préférence au point de vue où l'on est sur celui où l'on n'est pas. Ma bulle de savon est ma patrie, pourquoi la briserais-je ?

L'amour de tout être *déterminé*, dans cette doctrine, serait aussi illusoire que peut l'être l'amour de soi. L'amour, *rationnellement*, n'a pas plus de valeur que l'égoïsme ; l'égoïste en effet se trompe sur sa propre importance qu'il exagère, l'amant ou l'ami sur celle de l'être aimé. A ce point de vue encore le bien et le mal moral demeurent, pour « l'indifférentiste, » des choses tout humaines, toutes subjectives, sans rapport fixe avec l'ensemble de l'univers.

Il n'y a peut-être rien qui offre à l'œil et à la pensée une représentation plus complète et plus attristante du monde que l'océan. C'est d'abord l'image de la force dans ce qu'elle a de plus farouche et de plus indompté ; c'est un déploiement, un luxe de puissance dont rien autre chose ne peut donner l'idée ; et cela vit, s'agite, se tourmente éternellement sans but. On dirait parfois que la mer est animée, qu'elle palpite et respire, que c'est un cœur immense dont on voit le soulèvement puissant et tumultueux; mais ce qui en elle désespère, c'est que tout cet effort, toute cette vie ardente est dépensée en pure perte; ce cœur de la terre bat sans espoir; de tout ce heurt, de tout ce trépignement des vagues, il sort un peu d'écume égrenée par le vent.

Je me rappelle qu'un jour, assis sur le sable, je regardais venir vers moi la foule mouvante des vagues : elles arrivaient sans interruption du fond de la mer, mugissantes et blanches ; par-dessus celle qui mourait à mes pieds, j'en apercevais une autre, et plus loin derrière celle-là, une autre, et plus loin encore, une multitude ; enfin, aussi loin que ma vue pouvait s'étendre, je voyais tout l'horizon se dresser et se mouvoir vers moi : il y avait là un réservoir de forces infini, inépuisable ; comme je sentais bien l'impuissance de l'homme à arrêter l'effort de tout cet océan en marche! Une digue pouvait briser un de ces flots, elle en pouvait briser des centaines et des milliers ; mais qui aurait le dernier mot, si ce n'est l'immense et l'infatigable océan ? Et je croyais voir dans cette marée montante l'image de la nature entière assaillant l'humanité qui veut en vain diriger sa marche, l'endiguer, la dompter. L'homme lutte avec courage, il multiplie ses efforts, par moments il se croit vainqueur ; c'est qu'il ne regarde pas assez loin et qu'il ne voit pas venir du fond de l'horizon les grandes vagues qui tôt ou tard doivent détruire son œuvre et l'emporter lui-même. Dans cet univers où les mondes ondulent comme les flots de la mer, ne sommes-nous pas entourés, assaillis sans cesse par la multitude des êtres ? La vie tourbillonne autour de nous, nous enveloppe, nous submerge : nous parlons d'immortalité, d'éternité ; mais il n'y a d'éternel que ce qui est inépuisable, ce qui est assez aveugle et assez riche pour donner toujours sans mesure. Celui-là fait connaissance avec la mort qui apprend pour la première fois que ses forces ont une limite, qui se sent le besoin de se reposer, qui laisse tomber ses bras après le travail. La nature seule est assez infatigable pour être éternelle. Nous parlons aussi d'un idéal ; nous croyons que la nature a un but, qu'elle va quelque part ; c'est que nous ne la comprenons pas : nous la prenons pour un fleuve qui roule vers son embouchure et y arrivera un jour, mais la nature est un océan. Donner un but à la nature, ce serait la rétrécir, car un but est un terme. Ce qui est immense n'a pas de but.

On a répété souvent que « rien n'est en vain. » Cela est vrai dans le détail. Un grain de blé est fait pour produire d'autres grains de blé. Nous ne concevons pas un champ qui ne serait pas fécond. Mais la nature en son ensemble n'est pas forcée d'être féconde : elle est le grand équilibre entre la vie et la mort. Peut-être sa plus haute poésie vient-elle de sa superbe stérilité. Un champ de blé ne vaut pas l'océan. L'océan, lui, ne travaille pas, ne produit pas, il s'agite ; il ne donne pas la vie, il la contient ; ou plutôt il la donne et la retire avec la même indifférence : il est le grand roulis éternel qui berce les êtres. Quand on regarde dans ses profondeurs, on y voit le fourmillement de la vie ; il n'est pas une de ses gouttes d'eau qui n'ait ses habitants, et tous se font la guerre les uns aux autres, se poursuivent, s'évitent, se dévorent ; qu'importe au tout, qu'importe au profond océan ces peuples que promènent au hasard ses flots amers ? Lui-même nous donne le spectacle d'une guerre, d'une lutte sans trêve : ses lames qui se brisent et dont la plus forte recouvre et entraîne la plus faible, nous représentent en raccourci l'histoire des mondes, l'histoire de la terre et de l'humanité. C'est pour ainsi dire l'univers devenu transparent aux yeux. Cette tempête des eaux n'est que la continuation, la conséquence de la tempête des airs : n'est-ce pas le frisson des vents qui se communique à la mer? A son tour les ondes aériennes trouvent l'explication de leurs mouvements dans les ondulations de la lumière et de la chaleur. Si nos yeux pouvaient embrasser l'immensité de l'éther, nous ne verrions partout qu'un choc étourdissant de vagues, une lutte sans fin parce qu'elle est sans raison, une guerre de tous contre tous. Rien qui ne soit entraîné dans ce tourbillon ; la terre même, l'homme, l'intelligence humaine, tout cela ne peut nous offrir rien de fixe à quoi il nous soit possible de nous retenir, tout cela est emporté dans des ondulations plus lentes, mais non moins irrésistibles ; là aussi règne la guerre éternelle et le droit du plus fort. A mesure que je réfléchis, il me semble voir l'océan monter autour de moi, envahir tout, emporter tout ; il me semble que je ne suis plus moi-même qu'un de ses flots, une des gouttes d'eau de ses flots ; que la terre a disparu, que l'homme a disparu, et qu'il ne reste plus que la nature avec ses ondulations sans fin, ses flux, ses reflux, les changements perpétuels de sa surface qui cachent sa profonde et monotone uniformité.

Entre les trois hypothèses d'une nature bonne, d'une nature mauvaise et d'une nature indifférente, comment choisir et décider? C'est une chimère que de donner pour loi à l'homme : conforme-toi à la nature. Cette nature, nous ne savons pas ce qu'elle est. Kant a donc eu raison de dire qu'il ne faut pas demander à la métaphysique dogmatique une loi certaine de conduite.

# CHAPITRE II

Morale de la certitude pratique. — Morale de la foi.
Morale du doute.

## I

### MORALE DE LA CERTITUDE PRATIQUE

La morale de la certitude pratique est celle qui admet que nous sommes en possession d'une loi morale certaine, absolue, apodictique et impérative. Les uns se représentent cette loi comme renfermant une matière, un bien en soi que nous saisissons par intuition et dont la valeur est supérieure à tout pour notre raison. Les autres, avec Kant, se représentent la loi comme purement formelle et ne renfermant par elle-même aucune matière, aucun bien en soi, aucune fin déterminée, mais seulement un caractère d'universalité qui permet de distinguer les fins conformes ou non conformes à la loi. Ainsi, selon les intuitionnistes, nous saisissons par une intuition immédiate la valeur et la dignité des actions, des facultés, des vertus, comme la tempérance, la pudeur, etc.; selon les kantiens, au contraire, le caractère moral d'une action n'est prouvé que quand on peut généraliser la *maxime* de cette action et montrer ainsi sa nature désintéressée.

C'est surtout contre la première conception de la certitude morale que vaut le vieil argument sceptique sur les contradictions des jugements moraux, leur relativité, leur incertitude. Cet argument a une influence dissolvante sur la conception de la loi même en tant qu'imposant d'une manière absolue tel ou tel acte, telle ou telle vertu. Il est difficile de rester fidèle aux rites d'une religion absolutiste, quand ces rites commencent à vous apparaître comme souverainement indifférents et quand vous ne croyez plus au dieu particulier qu'elle adore.

Le problème posé par Darwin sur la variabilité du devoir ne laisse donc pas que d'être inquiétant pour quiconque admet un bien *absolu, impératif, certain, universel :* — La formule du devoir changerait-elle du tout au tout pour nous, si nous étions les descendants des abeilles ?

Il y a dans toute société des travaux de diverses sortes et qui supposent en général une division de la tâche commune, des corps de métier; or, d'un corps de métier à l'autre, les devoirs peuvent fort bien changer, et devenir aussi étranges que le serait la morale d'hommes-abeilles. Il existe, même dans notre société présente, des neutres comme dans celle des abeilles et des fourmis; tels sont les moines, dont la morale n'était pas au moyen âge et n'est peut-être pas encore de tous points conforme à celle du reste de la société. Sous Charles VII, on fit un acte qui est le pendant de l'extermination des mâles après la fécondation : on extermina des compagnies mercenaires qui étaient devenues inutiles; on croyait bien faire. Il pourrait exister dans la planète *Mars* des corps de métiers tout différents des nôtres, qui auraient des devoirs réciproques très contraires aux nôtres, mais s'imposant par une obligation aussi catégorique de forme. Sur notre terre même, nous voyons parfois se produire un renversement dans la direction de la conscience. Il y a des cas où l'individu éprouve un sentiment d'obligation à rebours, d'obligation à ce qu'on regarde d'habitude comme des actes immoraux. Citons, entre une multitude d'exemples, le trait rapporté par Darwin sur la conception de certains devoirs en Australie. Les Australiens attribuent la mort des leurs à un maléfice jeté par quelque tribu voisine; aussi considèrent-ils comme une obligation sacrée de venger la mort de tout parent en allant tuer un membre des tribus voisines. Le docteur Laudor, magistrat dans l'Australie occidentale, raconte qu'un indigène employé dans sa ferme perdit une de ses femmes à la suite d'une maladie; il annonça au docteur son intention de partir en voyage afin d'aller tuer une femme dans une tribu éloignée. « Je lui répondis que, s'il commettait cet acte, je le mettrais en prison pour toute sa vie. » Il ne partit donc pas, et resta dans la ferme. Mais de mois en mois il dépérissait : le remords le rongeait; il ne pouvait manger ni dormir ; l'esprit de sa femme le hantait, lui reprochait sa négligence. Un jour il disparut; au bout d'une année il revint en parfaite santé : il avait rempli son devoir.— On voit donc s'étendre jusqu'à des actes *mauvais* ou simplement *instinctifs* un sentiment qui est plus ou moins l'analogue de l'obligation morale. Les voleurs et les meurtriers peuvent avoir le sentiment du devoir professionnel, les animaux peuvent l'éprouver vaguement. Le sentiment qu'on doit faire une chose pénètre dans toute la création, aussi loin que pénètrent la conscience et le mouvement volontaire.

On sait ce qui arriva à A. de Musset dans sa jeunesse (on raconte le même trait de Mérimée). Un jour qu'après avoir été fortement grondé pour une peccadille enfantine, il s'en allait en larmes, tout contrit, il entendit ses parents qui disaient, la porte fermée : « Le pauvre garçon, il se croit bien criminel ! » La pensée que sa faute n'avait rien de *sérieux* et que son remords à lui était de l'enfantillage, le blessa au vif. Ce petit fait se grava dans sa mémoire pour n'en plus sortir. La même chose arrive aujourd'hui à l'humanité ; si elle en vient à imaginer que son idéal moral est un idéal d'enfant, variable selon le caprice des coutumes, que la fin et la matière d'une foule de devoirs sont puériles, superstitieuses, elle sera portée à sourire d'elle-même, à ne plus apporter dans l'action ce sérieux sans lequel disparaît le devoir absolu. C'est une des raisons pour lesquelles le sentiment d'obligation perd de nos jours son caractère sacré. Nous le voyons s'appliquer à trop d'objets, parler à trop d'êtres indignes (peut-être aux animaux eux-mêmes). Cette variabilité des objets du devoir prouve l'erreur de toute morale intuitionniste, qui se prétend en possession absolue d'une matière immuable du bien. On peut considérer cette morale, qui fut adoptée autrefois par V. Cousin, les Écossais et les éclectiques, comme insoutenable dans l'état actuel de la science.

Reste la morale formelle et subjective des kantiens, qui n'admet d'absolu que l'impératif et regarde comme secondaire l'idée qu'on se fait de son objet et de son application. Contre une morale de ce genre toute objection tirée des faits semble perdre sa valeur : ne peut-on pas toujours y répondre en distinguant l'*intention* de l'acte ? Si l'acte est pratiquement nuisible, l'intention a pu être moralement désintéressée, et c'est tout ce que demande la morale de Kant. Seulement un nouveau problème se pose : à l'intention bonne s'attache-t-il un sentiment d'obligation vraiment supra-sensible et supra-intellectuel, comme le veut Kant?

Le sentiment d'obligation, au point de vue de la dynamique mentale, se ramène au sentiment d'une résistance que l'être éprouve toutes les fois qu'il veut prendre telle ou telle direction. Cette résistance, qui est de nature sensible, ne peut provenir de notre rapport à une loi *morale* qui, par hypothèse, serait tout intelligible et intemporelle ; elle provient de notre rapport aux lois *naturelles* et empiriques. Le *sentiment* d'obligation n'est donc pas proprement moral, il est sensible. Kant lui-même est bien obligé de convenir que le sentiment moral est, comme tout autre, *pathologique;* seulement il croit que ce sentiment est excité par la seule *forme* de la *loi* morale, abstraction faite de sa matière ; de là résulte à ses yeux ce mystère qu'il avoue : une loi *intelligible* et supra-naturelle, qui produit cependant un sentiment pathologique et naturel, *le respect*. « Il est absolument impossible de comprendre *à priori* comment une *pure idée*, qui ne contient elle-même rien de sensible, produit un sentiment de plaisir ou de peine ;... il nous est absolument impossible, à nous autres hommes, d'expliquer pourquoi et comment l'*universalité* d'une maxime comme telle, par conséquent la moralité, nous intéresse. » Il y aurait donc bien ici mystère ; la projection de la moralité dans le domaine de la sensibilité sous forme de sentiment moral serait sans *pourquoi* possible, et Kant affirme cependant qu'elle est évidente *à priori*. Nous sommes forcés, dit-il, « de nous contenter de pouvoir encore si bien voir *à priori* que ce *sentiment* (produit par une pure idée) est inséparablement lié à la représentation de la *loi* morale en tout être raisonnable fini[1]. » La vérité, croyons-nous, est que nous n'apercevons réellement point *à priori* de raison pour joindre un plaisir ou une peine *sensibles* à une loi qui, par hypothèse, serait supra-sensible et hétérogène à la nature. Le sentiment moral ne peut s'expliquer *rationnellement* et *à priori*. Il est d'ailleurs impossible de prendre sur le fait, dans la conscience humaine, le respect pour une pure *forme*. D'abord, un devoir indéterminé et purement formel n'existe pas : nous ne pouvons, évidemment, voir apparaître le sentiment de l'obligation que quand il y a une matière donnée au devoir, et les Kantiens eux-mêmes sont forcés de le reconnaître. Le devoir n'est donc jamais saisi dans la conscience que comme s'appliquant à un contenu, dont on ne peut le détacher ; il n'y a pas de devoir indépendamment de la chose due, de la représentation de l'action. Bien plus, il n'y a pas de devoir, sinon envers quelqu'un ; les théologiens n'avaient qu'à moitié tort de représenter le devoir comme s'adressant à la volonté divine : au moins on sentait quelqu'un par derrière. Maintenant, dans cette synthèse réellement indissoluble de la matière et de la forme, le sentiment d'obligation ne s'attache-t-il cependant qu'à la *forme ?* — Nous croyons, d'après l'expérience, que le sentiment d'obligation n'est pas lié à la représentation de la loi comme loi formelle, mais de la loi en raison de sa matière sensible et de sa fin. La loi comme loi n'a de saisissable à la pensée que son *universalité ;* mais à ce précepte : « agis de telle sorte que ta maxime puisse devenir une loi universelle, » ne s'attachera aucun sentiment d'obligation tant qu'il ne sera pas question de la vie sociale et des penchants profonds qu'elle réveille en

---

1. *Critique de la R. pr.*, tr. Barni, 121; cf. 258, 252, 256, 248, 251, 374.

nous, tant que nous ne concevrons pas l'universalité de quelque chose, de quelque fin, de quelque bien qui soit l'objet d'un sentiment. L'universel pour l'universel ne peut produire qu'une satisfaction *logique*, qui elle-même est encore une satisfaction de l'*instinct* logique chez l'homme, et cet instinct logique est une tendance *naturelle*, une expression de la vie sous son mode supérieur, qui est l'intelligence, amie de l'ordre, de la symétrie, de la similitude, de l'unité dans la variété, de la loi, conséquemment de l'universalité. — Dira-t-on que la forme universelle a elle-même pour dernier contenu la *volonté*, le vouloir pur? — La réduction du devoir à une volonté de la loi qui serait encore elle-même une volonté purement formelle, loin de fonder la moralité, nous semble produire un effet dissolvant sur cette volonté même. On ne peut vouloir une action en vue d'une loi, quand on ne fonde pas cette loi sur la valeur pratique et logique de l'action même. L'antique doctrine d'Ariston, par exemple, n'admettait aucune différence de valeur, aucun degré entre les choses; mais un être humain ne se résignera jamais à poursuivre un but en se disant que ce but est au fond indifférent et que sa volonté seule de le poursuivre a une valeur morale : cette volonté s'affaissera aussitôt et l'indifférence passera des objets jusqu'à elle-même. L'homme a toujours besoin de croire qu'il y a quelque chose de bon non pas seulement dans l'intention, mais aussi dans l'action. C'est chose *démoralisante* que la conception d'une *moralité* exclusivement formelle, détachée de tout; c'est l'analogue de ce travail qu'on fait accomplir aux prisonniers dans les prisons anglaises, et qui est sans but : tourner une manivelle pour la tourner ! On ne s'y résigne pas. Il faut que l'intelligence approuve l'impératif et qu'un sentiment s'attache à son objet.

Récemment une petite fille à qui sa mère avait confié un sou pour faire quelque emplette, se trouva écrasée dans la rue. Elle ne lâcha pas ce sou ; sortant d'un évanouissement, mourante, elle rouvrit sa main bien fermée et tendit à sa mère l'humble sou dont elle ne se figurait pas le peu de valeur, en lui disant : « Je ne l'ai pas perdu. » C'est là un enfantillage sublime : pour cette petite la vie avait moins d'importance que ce sou qui lui avait été confié. — Eh bien, quel que soit le mérite moral qu'un stoïcien ou un Kantien peut découvrir avec raison dans ce trait, il sera absolument incapable de l'imiter, lui philosophe et connaissant la valeur d'une obole : la foi lui manquera, — non pas peut-être la foi dans son mérite possible, mais la foi dans le sou.

Il faut donc absolument, dans le mérite moral, transfigurer à ses propres yeux la *matière* de l'action méritoire, lui attribuer souvent une valeur supérieure à sa valeur réelle. Il faut une comparaison non pas seulement entre la volonté et la loi, mais entre l'effort moral et le prix de la fin qu'il poursuit. — Si le mérite même nous paraît encore bon, quel qu'en soit l'objet, c'est que nous y voyons une puissance capable de s'appliquer à un objet supérieur ; nous y voyons un réservoir de force vive qui est toujours précieux, alors même que cette force peut, dans l'espèce, être mal employée. C'est donc l'emploi possible que nous approuvons dans l'emploi actuel ; mais c'est toujours l'*emploi*, et non la force pour la force, la volonté pour la volonté. L'aigle, en s'élevant jusqu'au soleil, finit par voir toutes choses se niveler sur la terre ; supposons que, d'un point de vue assez haut, nous voyions se niveler pour l'univers toutes nos actions : bon nombre des intérêts et des désintéressements humains nous paraîtraient alors également naïfs ; leur objet ne nous semblerait pas supérieur au sou de l'enfant.

Malgré Zénon et Kant, nous n'aurions plus alors le courage de vouloir et de *mériter* : on ne veut pas pour vouloir et à vide.

Il est donc bien difficile d'admettre que le devoir, variable et incertain dans toutes ses applications, demeure *certain* et *apodictique* dans sa *forme*, dans l'*universalité* pour l'*universalité*, ou, si on préfère, dans la volonté pour la volonté, dans la volonté fin en soi. Le sentiment qui s'attache, selon Kant, soit à la *raison* pure, soit à la *volonté* pure, est l'intérêt tout *naturel* que nous portons à nos facultés ou fonctions supérieures, à notre vie intellectuelle : nous ne pouvons pas être indifférents à l'exercice rationnel de notre raison, qui est après tout un instinct plus complexe, ni à l'exercice de la *volonté*, qui est après tout une force plus riche et une virtualité d'effets pressentis dans leur cause. C'est parce que nous pensons aux fruits variés de l'arbre, que l'arbre est pour nous précieux; à moins que l'arbre ne nous semble déjà par lui-même *beau*; mais alors il apparaît déjà lui-même comme une production, une œuvre, un fruit vivant ; il satisfait certaines de nos tendances, notre amour de « l'unité dans la variété, » notre instinct esthétique. Tous ces éléments, l'agréable, l'utile, le beau, se retrouvent dans l'impression produite par la « raison pure » ou la « volonté pure. » Si la *pureté* était poussée jusqu'au vide, il en résulterait l'indifférence sensible et intellectuelle, nullement cet état déterminé de l'intelligence et de la sensibilité qu'on appelle l'*affirmation* d'une loi et le *respect* d'une loi : il n'y aurait plus rien à quoi pût se prendre notre jugement et notre sentiment.

## II

#### MORALE DE LA FOI

Après le dogmatisme moral de Kant, pour qui la forme de la loi est apodictiquement certaine et pratique par elle-même, nous trouvons un kantisme altéré qui fait du devoir même un objet de *foi* morale, non plus de certitude. Kant ne faisait commencer la foi qu'avec les postulats qui suivent l'affirmation certaine du devoir; aujourd'hui on a fait remonter la foi jusqu'au devoir même.

Si de nos jours la foi religieuse proprement dite tend à disparaître, elle est remplacée dans un grand nombre d'esprits par une foi morale. L'absolu s'est déplacé, il est passé du domaine de la religion dans celui de l'éthique; mais là encore il n'a rien perdu du pouvoir qu'il exerce sur l'esprit humain. Il est resté capable de soulever les masses, on en a vu un exemple dans la Révolution française; il peut provoquer le plus généreux enthousiasme; il peut produire aussi un certain genre de fanatisme, beaucoup moins dangereux que le fanatisme religieux, mais qui a pourtant ses inconvénients. Au fond, il n'y a pas de différence essentielle entre la foi morale et la foi religieuse; elles se contiennent mutuellement; mais, malgré le préjugé contraire encore trop répandu de nos jours, la foi morale a un caractère plus primitif et plus universel que l'autre. Si l'idée de dieu a jamais eu une valeur métaphysique et une utilité pratique, c'est en tant qu'elle apparaissait comme unissant la force et la justice; au fond, dans l'affirmation réfléchie de la divinité était contenue l'affirmation suivante:

la force suprême est la force morale. Si nous n'adorons plus les dieux de nos ancêtres, les Jupiter, les Jéhovah, les Jésus même, c'est, entre autres raisons, que nous nous trouvons sous plusieurs rapports moralement au-dessus d'eux ; nous jugeons nos dieux, et en les niant nous ne faisons souvent que les condamner moralement. L'irréligion, qui semble dominer de nos jours est donc, à beaucoup d'égards, le triomphe au moins provisoire d'une religion plus digne de ce nom, d'une foi plus pure. En devenant exclusivement morale, la foi ne s'altère pas ; elle se dépouille au contraire de tout élément étranger. Les vieilles religions ne faisaient pas seulement appel à la croyance intérieure, elles invoquaient la crainte, l'évidence trompeuse du miracle et de la révélation ; elles prétendaient s'appuyer sur quelque chose de positif, de sensible, de grossier. Tous ces moyens de gagner, de « piper » la confiance, comme dirait Montaigne, sont devenus maintenant inutiles. Tout se simplifie. Cette formule qui a eu tant d'influence dans le monde : c'est un devoir de croire à son dieu, vient se résoudre dans cette autre qu'elle présupposait : c'est un devoir de croire au devoir. L'expression simple et définitive de la foi est ainsi trouvée, et du même coup est fondée une religion nouvelle. Les temples ayant perdu leurs idoles, la foi se réfugie dans le « sanctuaire de la conscience. » Le grand Pan, Dieu-nature, est mort ; Jésus, Dieu-humanité, est mort ; reste le dieu intérieur et idéal, le Devoir, qui est peut-être, lui aussi, destiné à mourir un jour.

Si nous cherchons à analyser cette foi au devoir, telle qu'elle se produit chez les disciples de Kant et même chez ceux de Jouffroy, nous y remarquons plusieurs affirmations différentes, quoique reliées l'une à l'autre, qui se retrouvent d'ailleurs dans toute espèce de foi et forment les caractères distinctifs de la religion par rapport à la science : 1° affirmation pleine et entière d'une chose qui n'est pas susceptible de preuve positive (le devoir, avec la liberté morale pour principe et avec toutes ses conséquences) ; — 2° autre affirmation corroborant la première, à savoir qu'il est moralement meilleur de croire cette chose que de croire autre chose, ou de ne pas croire du tout ; — 3° nouvelle affirmation par laquelle on place sa croyance au-dessus de la discussion, — car il serait immoral d'hésiter un instant entre ce qui est meilleur et ce qui est moins bon. — Du même coup on déclare sa croyance immuable, puisqu'elle est au-dessus de toute discussion. La foi morale ainsi définie repose sur ce postulat : il est des principes qu'il faut affirmer non parce qu'ils sont logiquement démontrés ou matériellement évidents, mais parce qu'ils sont moralement bons ; en d'autres termes, le bien est un critérium de vérité objective. Tel est le postulat que contient au fond la morale des néo-kantiens comme MM. Renouvier et Secrétan.

Pour justifier ce postulat, on fait remarquer que le propre du bien est d'apparaître comme inviolable, non seulement à l'action, mais à la pensée même ; n'est-ce pas une injustice non seulement d'exécuter le mal, mais même de le penser ? Or on pense le mal du moment où on doute du bien. Il faut donc croire au bien plus qu'à tout le reste, non parce qu'il est plus évident que tout le reste, mais parce que ne pas y croire serait commettre une mauvaise action. Entre une proposition simplement logique et son contraire il y a toujours une alternative qui se pose : l'esprit reste libre entre les deux et choisit ; ici l'alternative est supprimée ; le choix ne serait plus qu'une faute : le vrai ne peut plus être cherché indifféremment de deux côtés. Tout *problème* disparaît, car un problème impliquerait des solutions multiples, demandant vérification; or on ne vérifie pas le devoir; il est des interrogations qu'on ne doit même pas s'adresser à soi-même, il est des questions qu'il ne faut pas soulever. Que deviennent par exemple, en présence de la foi au devoir absolu, les doctrines des moralistes utilitaires, des évolutionnistes, des partisans de Darwin? Elles sont rejetées avec toute l'énergie possible, sans même parfois être sérieusement examinées. La conscience morale se met toujours de la partie ; elle représente dans l'âme humaine le parti aveuglément conservateur. Un croyant convaincu ne voudra jamais se poser à lui-même cette question : le devoir n'est-il qu'une généralisation empirique ? Il lui semblera que ce serait là mettre en doute sa « conscience d'honnête homme ; » il déclarera d'avance la science impuissante à traiter ce problème. L'esprit scientifique, qui est toujours prêt à examiner le pour et le contre, qui voit partout un double chemin, une double issue pour la pensée, doit donc faire place pour le croyant à un tout autre esprit : pour lui, le devoir est en soi sacré et commande avec une telle force que le penseur même ne peut, en face de lui, faire autre chose qu'obéir. La foi au devoir se place donc, encore une fois, au-dessus de la région où la science se meut et où se meut la nature même; celui qui croit au devoir est toujours tel que le chantait Horace : *Impavidum ferient ruinæ*. La foi morale se trouverait ainsi sauvegardée par son essence même, qui est d'obliger l'individu à s'incliner devant elle.

La foi au devoir, quand on l'attaque, cherche pourtant à s'appuyer sur divers motifs : les esprits les plus superficiels invoquent une espèce d'*évidence intérieure*, d'autres un *devoir moral*, d'autres une *nécessité sociale*. 1° Il y a d'abord l'évidence intérieure, l' « oracle » de la conscience, qui n'admet pas de réplique ni d'hésitation ; nous sentons le devoir parler en nous comme avec une voix ; nous croyons au devoir comme à quelque chose qui vit et palpite en nous, comme à une partie de nous-mêmes, bien plus, comme à ce qu'il y a en nous de meilleur. Les Écossais et les Éclectiques avaient essayé, il y a peu d'années encore, de fonder une philosophie sur le *sens commun*, c'est-à-dire au fond sur le *préjugé*. Cette philosophie d'apparences a été énergiquement combattue par les néo-kantiens ; pourtant, tout leur système repose aussi sur un simple fait de sens commun, sur la simple *croyance* que l'impulsion appelée *devoir* est d'un autre ordre que toutes les impulsions naturelles. Ces phrases qui reviennent si fréquemment dans Cousin et ses disciples et qui nous font un peu sourire aujourd'hui : « la conscience proclame, » « l'évidence démontre, » « le bon sens veut, » sont-elles beaucoup moins probantes en elles-mêmes et dans leur généralité que celles-ci : « le devoir commande, » « la loi morale exige, » etc. Cette évidence intérieure du devoir ne prouve rien. L'évidence est un état subjectif dont on peut souvent rendre compte par des raisons subjectives aussi. La vérité n'est pas seulement ce qu'on sent ou ce qu'on voit, c'est ce qu'on explique, ce qu'on relie. La vérité est une synthèse : c'est ce qui la distingue de la sensation, du fait brut ; elle est un faisceau de faits. Elle ne tire pas son évidence et sa preuve d'un simple état de conscience, mais de l'ensemble des phénomènes qui se tiennent et se soutiennent l'un l'autre. Une pierre ne fait pas une voûte, ni deux pierres, ni trois ; il les faut toutes ; il faut qu'elles s'appuient l'une sur l'autre ; même la voûte construite, arrachez-en quelques pierres, et tout s'écroulera : la vérité est ainsi ; elle consiste dans une solidarité de toutes choses. Ce n'est pas assez qu'une chose soit évidente, il faut qu'elle puisse être expliquée pour acquérir un caractère vraiment scientifique.

2° Quant au « devoir de croire au devoir, » c'est une pure tautologie ou un cercle vicieux. On pourrait dire aussi : il est religieux de croire à la religion, moral de croire à la morale, etc...; soit, mais qu'entend-on par devoir, par morale, par religion ? Tout cela est-il vrai, c'est-à-dire tout cela correspond-il à une réalité ? Voilà la question, et il faut l'examiner sous peine de tourner éternellement dans le même cercle. Quand je crois que c'est ma liberté souveraine et autonome qui me commande telle ou telle action, si c'était l'instinct héréditaire, l'habitude, l'éducation, que deviendrait alors le prétendu devoir ? Ne suis-je, suivant la remarque de Darwin, qu'un chien courant qui chasse le gibier au lieu de l'arrêter ? Mon devoir, auquel j'attache tant d'importance, n'en a-t-il, toute proportion gardée, pas plus que n'en a le devoir du chien de rapporter, ou de donner la patte ? Pouvez-vous être indifférent aux analyses que la science fait de l'objet auquel s'attache votre foi ?

Peut-être la science a-t-elle de la peine à fonder pour son compte une éthique au sens strict du mot, mais elle peut détruire toute foi morale qui se croit certaine et absolue. Insuffisante parfois pour édifier, elle a une force dissolvante incalculable. Les partisans de la foi morale n'auraient même pas encore prouvé leur thèse s'ils parvenaient à démontrer que leur éthique est la plus complète, celle qui répond le mieux à toutes les interrogations de l'agent moral, celle qui a le moins à craindre des exceptions, des subtilités de la casuistique, celle qui peut pousser l'agent moral tête baissée dans les dévouements les plus absolus.

Quand les partisans de la foi morale auraient démontré tout cela, ils n'auraient encore rien fait, pas plus que les partisans de telle ou telle religion s'ils pouvaient démontrer que leur religion est la meilleure ; les apologistes qui défendent un système particulier de morale ou de religion n'ont jamais rien prouvé, car il y a toujours une question qu'ils oublient, c'est de savoir s'il y a une religion quelconque qui soit vraie, une morale quelconque qui soit vraie.

Historiquement toute foi — à quelque objet qu'elle s'applique — a toujours paru obligatoire à celui qui la possédait. C'est que la foi marque une certaine direction habituelle de l'esprit, et qu'on éprouve une résistance quand on veut brusquement changer cette direction. La foi est une habitude acquise et une sorte d'instinct intellectuel qui pèse sur nous, nous contraint et, en un certain sens, produit un sentiment d'obligation.

Mais la foi ne peut avoir aucune action obligatoire sur celui qui ne la possède pas encore : on ne peut pas être *obligé* à affirmer ce que tout ensemble on ne sait pas et on ne *croit* pas. Le devoir de croire n'existe donc que pour ceux qui croient déjà : en d'autres termes la foi, lorsqu'elle est donnée, donne elle-même, comme toute habitude puissante et enracinée, le sentiment d'obligation qui semble y être attaché ; mais l'obligation ne précède pas la foi, ne la commande pas, du moins rationnellement parlant. On ne peut jamais commander à la raison qu'au nom d'une *science* ou d'une *croyance* déjà formée; *croire* en dehors de ce qu'on *sait* ne peut donc jamais avoir rien d'obligatoire.

D'autre part, un simple doute suffirait pour délier d'une obligation qui ne proviendrait que de la foi. Et ce doute, une fois conscient de lui-même, créerait un devoir, celui de la conséquence avec soi-même, celui de ne pas trancher en aveugle un problème incertain, de ne pas fermer une question ouverte, de telle sorte qu'au « devoir de croire au devoir » qu'imagine celui qui a la foi, on peut opposer le devoir de douter du devoir, qui s'impose à celui qui nie. Doute oblige, si on peut dire que foi oblige.

3° On a encore essayé de motiver la foi par la nécessité sociale, motif bien extérieur : je crois au devoir parce que sans le devoir la société ne saurait subsister. C'est le même argument dont se servent ceux qui vont à la messe parce qu'une religion est nécessaire au peuple et qu'il faut prêcher d'exemple.

Il y a au fond de la foi ainsi entendue un certain scepticisme. Tel mari, ayant des soupçons, aime mieux ne pas les approfondir, préfère la tranquillité de l'habitude à l'angoisse possible de la vérité. Ainsi en agissons-nous parfois avec la nature : nous aimons mieux nous laisser tromper par elle et la suivre ; nous lui demandons la paix morale avant la vérité. Mais la vérité s'ouvre toujours un chemin en nous ; on peut lui appliquer ce que le Christ disait de lui-même : « Je suis venu apporter la guerre dans les âmes. »

Ce demi-scepticisme de la foi appelle et justifie les objections d'un scepticisme plus complet et plus logique. Nécessité, en général, n'est pas vérité, diront les sceptiques ; une nécessité intérieure peut être une illusion nécessaire, à plus forte raison une nécessité sociale. La morale pratique peut être fondée sur un système d'erreurs utiles que la morale théorique explique et redresse. Ainsi l'optique explique mathématiquement des illusions qu'exploitent chaque jour la peinture, l'architecture et tous les arts. L'art est en partie fondé sur l'erreur, il l'emploie comme un élément indispensable : art et artifice ne font qu'un. L'art forme un moyen terme entre le subjectif et le réel ; il travaille par des méthodes scientifiques à produire l'illusion, il se sert de la vérité pour tromper et charmer tout ensemble; l'esprit déploie toutes ses finesses pour attraper les yeux. Qui nous dit que la moralité n'est pas de la même façon un art, à la fois beau et utile ? Peut-être nous charme-t-elle aussi en nous trompant. Le devoir peut n'être qu'un jeu de couleurs intérieures. Il est dans les tableaux de Claude Lorrain des perspectives lointaines, de longues échappées entre les arbres, qui donnent l'idée d'un infini réel, — un infini de quelques centimètres carrés. Il y a en nous-mêmes des perspectives analogues qui peuvent n'être qu'apparentes. Quant à la vie sociale, elle repose en grande partie sur l'artifice ; et par l'artifice nous n'entendons pas quelque chose d'opposé à la nature. Nullement ; rien ne nous joue mieux que la nature. C'est en elle qu'est le grand art, c'està-dire la grande duperie, la conspiration innocente de tous contre un. Les rapports des êtres les uns avec les autres sont une série d'illusions : les yeux nous trompent, les oreilles nous trompent ; pourquoi le cœur serait-il seul à ne pas nous tromper ? La morale, qui essaye de formuler les rapports les plus multiples et les plus complexes qui existent entre des êtres de la nature, est peut-être aussi fondée sur le plus grand nombre d'erreurs. Bien des croyances que nous cite l'histoire et qui ont inspiré des dévouements sont comparables à ces mausolées magnifiques élevés en l'honneur d'un nom : quand on ouvre ces tombeaux, on n'y trouve rien ; ils sont vides, mais leur beauté seule suffit à les justifier, et en passant on s'incline devant eux. On ne se demande pas si le mort inconnu valait ces honneurs ; on pense qu'il était aimé, et cet amour est le véritable objet de notre respect. Ainsi en est-il des héros à qui la foi fit souvent faire de grandes actions pour de petites causes. Ce sont de sublimes prodigues; ces prodigalités-là ont été sans doute l'un des éléments indispensables du progrès.

La nécessité sociale de la morale et de la foi, ajouteront les sceptiques, peut n'être que provisoire. Il fut un temps où la religion était absolument nécessaire : elle ne l'est plus, au moins pour un très grand nombre d'hommes. Dieu est devenu et deviendra de plus en plus inutile. Qui sait s'il n'en sera pas de même de l'impératif catégorique ? Les premières religions furent impératives, despotiques, dures, inflexibles ; c'étaient des disciplines de fer ; Dieu était un chef violent et cruel, mâtant ses sujets par le fer et le feu : on pliait, on tremblait devant lui. Maintenant les religions s'adoucissent ; qui croit beaucoup à l'enfer, de nos jours ? C'est un épouvantail usé. Pareillement les diverses morales s'adoucissent. Le désintéressement même n'aura peut-être pas toujours le caractère de nécessité sociale qu'il semble avoir aujourd'hui. Il y a longtemps qu'on l'a remarqué, il existe des illusions provisoirement utiles, des superstitions libératrices. Si Décius n'avait pas été aussi superstitieux que ses soldats, si Codrus avait été un libre-penseur, Athènes et Rome eussent probablement été vaincues. Les religions, qui ne sont pour le philosophe qu'un ensemble de superstitions organisées et systématisées, sont faites aussi pour un temps, pour une époque : leurs dieux ne sont que les formes diverses de cette divinité grecque, le Καιρός, l'utilité d'un moment. L'humanité a besoin d'adorer quelque chose, puis de brûler ce qu'elle a adoré. Maintenant, les esprits les plus élevés parmi nous adorent le devoir ; ce dernier culte, cette dernière superstition ne s'en ira-t-elle pas comme les autres ? L'idole d'airain à laquelle les Carthaginois sacrifiaient leurs enfants est pour nous un objet d'horreur; peut-être avons-nous gardé dans notre cœur quelque idole d'airain, à la domination de laquelle échapperont nos descendants. Déjà le droit a été fortement mis en suspicion de notre siècle ; les socialistes ont soutenu qu'il n'y avait pas de droit contre la pitié, et on ne peut guère de nos jours maintenir le droit qu'à condition de lui donner une extension nouvelle et de le confondre presque avec le principe de la fraternité. Peut-être, par une évolution contraire, le devoir doit-il se transformer et se confondre de plus en plus avec le développement normal et régulier du moi. Ne faisons-nous pas encore le devoir à l'image de notre société imparfaite ? Nous nous le figurons souillé de sang et de larmes. Cette notion encore barbare, nécessaire de nos jours, est peut-être destinée à disparaître. Le devoir répondrait alors à une époque de transition.

Tels sont les doutes qu'un scepticisme entier peut opposer à ce demi-scepticisme caché sous la foi qui invoque les nécessités sociales. La question demeure pendante, et la foi n'en peut sortir que par une sorte de pari. En fait, la doctrine de la foi morale, — du devoir librement accepté par la volonté, de l'incertitude tranchée par un coup d'énergie intérieure, — rappelle, comme on l'a dit, le pari de Pascal. Seulement, ce pari ne peut plus avoir de *mobiles* comme ceux de Pascal. Nous sommes sûrs, de nos jours, que Dieu, s'il existe, n'est point l'être vindicatif et cruel que se figurait Port-Royal ; son existence serait nécessairement pour moi un avantage, et je la souhaite de tout mon cœur tout en pariant contre; quoique improbable à mes yeux, elle reste infiniment désirable : ce n'est pas une raison pour lui sacrifier toute ma vie.

On a assez longtemps accusé le doute d'immoralité,

mais on pourrait soutenir aussi l'immoralité de la foi dogmatique. Croire, c'est *affirmer* comme réel pour moi ce que je conçois simplement comme possible en soi, parfois même comme impossible ; c'est donc vouloir fonder une vérité artificielle, une vérité d'apparence, c'est en même temps se fermer à la vérité objective qu'on repousse d'avance sans la connaître. La plus grande ennemie du progrès humain, c'est la *question préalable*. Rejeter non pas les solutions plus ou moins douteuses que chacun peut apporter, mais les problèmes mêmes, c'est arrêter net le mouvement en avant; la foi, à ce point de vue, devient une paresse d'esprit. L'indifférence même est souvent supérieure à la foi dogmatique. L'indifférent dit : je ne tiens pas à savoir, mais il ajoute : je ne veux pas croire; le croyant, lui, veut croire sans savoir. Le premier au moins reste parfaitement sincère envers lui-même, tandis que l'autre essaye de se leurrer. Sur quelque question que ce soit, le doute est donc toujours meilleur que l'affirmation sans retour, le renoncement à toute initiative personnelle qu'on appelle la foi. Cette sorte de suicide intellectuel est inexcusable, et ce qui est encore plus étrange, c'est de prétendre le justifier, comme on le fait d'habitude, en invoquant des raisons morales. La morale doit commander à l'esprit de chercher sans repos, c'est-à-dire précisément de se garder de la foi. — « Dignité de croire ! » — répétez-vous. L'homme a trop souvent, tout le long de l'histoire, placé sa dignité dans les erreurs, et la vérité lui a paru tout d'abord une diminution de lui-même. La vérité ne vaut pas toujours le rêve, mais elle a cela pour elle qu'elle est vraie : dans le domaine de la pensée il n'y a rien de plus moral que la vérité ; et quand on ne la possède pas de science certaine, il n'y a rien de plus moral que le doute. Le doute, c'est la dignité de la pensée. Il faut donc chasser de nous-mêmes le respect aveugle pour certains principes, pour certaines croyances ; il faut pouvoir mettre tout en question, scruter, pénétrer tout : l'intelligence ne doit pas baisser les yeux, même devant ce qu'elle adore. Sur un tombeau de Genève se lit cette inscription : « La vérité a un front d'airain, et ceux qui l'auront aimée seront effrontés comme elle. »

Mais, dira-t-on, s'il est irrationnel d'affirmer dans sa pensée comme vrai ce qui est douteux, il faut bien pourtant l'affirmer parfois dans l'*action*. — Soit, mais c'est toujours une situation provisoire et une affirmation conditionnelle : je fais cela, — en *supposant* que ce soit mon devoir, que j'aie même un devoir absolu. Mille actions de ce genre ne peuvent pas établir une vérité. La foule des martyrs a fait triompher le christianisme, un petit raisonnement peut suffire à le renverser. Comme l'humanité y gagnerait d'ailleurs, si tous les dévouements étaient en vue de la science et non de la foi, si on mourait non pour défendre une croyance, mais pour découvrir une vérité, quelque minime qu'elle fût ! Ainsi firent Empédocle et Pline, et de nos jours tant de savants, de médecins, d'explorateurs : que d'existences jadis perdues pour affirmer des objets de foi fausse, qui auraient pu être utilisées pour l'humanité et la science !

## III

### MORALE DU DOUTE

Nous avons vu la *certitude* du devoir, telle que l'admettait Kant, se résoudre en *foi*, même chez les disciples de Kant, et la foi elle-même se résoudre en un *doute* qui ne veut pas s'avouer. Eh bien, il reste une troisième position de l'esprit, cette fois absolument sincère avec soi et avec autrui : elle consiste à remplacer la morale de la certitude et la morale de la foi par la morale du doute, à fonder en partie la moralité sur la conscience même de notre ignorance métaphysique, jointe à tout ce que nous savons par ailleurs de science positive.

Cette situation d'esprit a été récemment analysée et proposée comme la meilleure [1]. L'auteur de l'*Idée moderne du droit* et de la *Critique des systèmes de morale contemporains* a essayé de réunir en une synthèse les résultats légitimes de la philosophie *évolutionniste* et de la philosophie *critique*. Son point de départ expérimental, qu'aucune doctrine ne peut nier, est ce fait que nous avons *conscience*. Ce fait, bien interprété, est selon lui le premier fondement du droit et du devoir de justice. Quel est en effet l'objet de la conscience, au sens le plus large de ce mot, et quelle en est la limite ? — Elle se pense, pense les autres consciences, pense le monde entier ; conséquemment elle a tout ensemble « un caractère individuel et une portée universelle ; » elle ne se pose qu'en posant devant soi d'autres consciences semblables à elle-même ; elle ne se saisit qu'en société avec autrui. Par là même la conscience « comprend sa propre limitation, sa propre *relativité* en tant que moyen de connaissance, » car elle ne peut s'expliquer d'une manière complète « ni sa propre nature comme *sujet* pensant, ni la nature de l'*objet* qu'elle pense, ni le passage du *subjectif* à l'*objectif*. » De là le principe de la *relativité des connais-*

---

1. Voir la *Critique des systèmes de morale* par M. Fouillée, *Conclusion* et *Préface*.

*sances*, qui a une portée morale jusqu'ici méconnue. « Un vrai positiviste, comme un vrai criticiste et un vrai sceptique, doit garder au fond de sa pensée un *que sais-je ?* et un *peut-être*... Il ne doit pas affirmer l'adéquation du cerveau à la réalité, l'adéquation de la science à la réalité, mais seulement à la réalité pour nous connaissable. L'expérience même nous apprend que notre cerveau n'est pas fait de manière à représenter toujours toutes choses comme elles sont indépendamment de lui... D'une part, donc, l'*objet* senti ou pensé n'est pas conçu comme étant tout entier pénétrable à la science, pénétrable au sujet sentant et pensant. D'autre part, le *sujet* n'est peut-être pas à son tour tout entier pénétrable pour lui-même. » — Ce principe de la relativité de toutes les connaissances construites avec les données de notre conscience, est le fondement du droit comme du devoir de justice. En effet, un tel principe est d'abord « *limitatif* et restrictif de l'égoïsme théorique, » qui est le dogmatisme intolérant ; de plus, il est « restrictif de l'égoïsme pratique, » qui est l'injustice. « Faire de son égoïsme et de son moi un absolu, c'est dogmatiser en action comme en pensée, c'est agir comme si l'on possédait la formule absolue de l'être ; c'est dire : — Le monde mécaniquement connaissable est tout, la force est tout, l'intérêt est tout. — L'injustice est donc de l'absolutisme en action... Or, il restera toujours de l'inexplicable mécaniquement, ne fût-ce que le mouvement même et la sensation, élément de la conscience. Jointe à toutes les autres considérations, l'idée de ce quelque chose d'*irréductible* qui constitue notre conscience, en restreignant notre connaissance sensible, nous impose aussi rationnellement la restriction de nos mobiles sensibles, et cela en vue d'autrui, en vue du tout. Le *solipsisme*, comme disent les Anglais, est aussi inadmissible en morale qu'en métaphysique, bien qu'il soit peut-être logiquement irréfutable dans les deux sphères. »

Cette doctrine, on le reconnaîtra, renferme une grande part de vérité. Il faut seulement nous rendre compte du point où cette morale nous mène et aussi où elle nous laisse. Elle semble un effort suprême pour fonder un équivalent de l'obligation sur le doute même, ou tout au moins sur la relativité des connaissances humaines, et pour faire sortir d'un certain scepticisme métaphysique l'affirmation de la justice morale. En premier lieu, on peut accorder que la formule pratique du doute est effectivement l'*abstine*; mais ce n'est pas seulement de l'injustice que le doute complet devrait s'abstenir, c'est de l'action en général. Toute action est une affirmation ; c'est aussi une sorte de choix, d'élection; en agissant je saisis toujours quelque chose au milieu du brouillard métaphysique, du grand nuage qui enveloppe le monde et moi-même. Le parfait équilibre du doute est donc un état plus idéal que réel, un moment de transition presque insaisissable. S'il n'y a de moralité vraie que là où il y a action, et si s'abstenir est encore agir, c'est par là même sortir de l'équilibre. Aussi, dans la plupart des cas concrets, le doute métaphysique n'est pas un doute entier et véritable, une équivalence parfaite créée dans l'esprit par divers possibles qui se contrebalancent : il enveloppe le plus souvent une croyance vague qui s'ignore elle-même; de là vient qu'il peut avoir une influence pratique. L'homme, placé entre les diverses hypothèses sur le monde, a toujours quelque préférence instinctive pour certaines d'entre elles; il ne reste pas suspendu dans l'ἐποχή pyrrhonienne ; il choisit d'après ses habitudes d'esprit, qui varient d'un individu à l'autre, d'après ses croyances et ses espérances, non d'après ses doutes.

— Mais, dira-t-on, il y a dans tout esprit sincère un élément précis et stable : c'est la conscience de notre ignorance sur le fond des choses; c'est la conception d'une réalité simplement *possible* qui dépasserait notre pensée, conception toute *négative* et *limitative*, qui n'en a pas moins une importance souveraine pour restreindre notre « orgueil intellectuel. » — Oui, mais la question est de savoir si cette conception a la même importance pour restreindre et, au besoin, pour régler notre *conduite morale*. Remarquons d'abord qu'elle ne saurait produire un impératif, et c'est ce qu'a montré l'auteur même de la théorie que nous examinons. Ce qui est en soi indéterminable ne peut pas *déterminer* et régler la conduite par une loi qui commande : un ordre et une règle sont une détermination. L'inconnaissable ne peut même pas *limiter* la conduite d'une manière *catégorique*; un principe *limitatif*, comme tel, ne peut pas avoir un caractère absolu, à moins qu'on ne présuppose qu'il y a un absolu derrière la limite.

Mais allons plus loin. Le doute sur l'inconnaissable, à lui seul et en tant que simple suspension de jugement, peut-il en aucune façon *limiter* la conduite? — Une limite ne peut, semble-t-il, avoir d'action pratique sur nous tant que nous nous mouvons à l'intérieur de cette limite ; or nous ne pouvons nous mouvoir en dehors des phénomènes. Le verre d'un bocal n'a pas d'effet directeur sur la conduite du poisson aussi longtemps que celui-ci ne vient pas se heurter à ses parois. L'avenir même n'a d'action sur moi que de deux manières : 1° en tant que, dans ma pensée, je me le *figure* par pure supposition, 2° en tant que, par mes actes, je le *produis* ou contribue à le produire ou crois le produire. Tant que l'avenir n'est pas représenté sous une forme ou sous une autre dans mon imagination, il me reste étranger, il ne peut en rien modifier ma conduite. Il faut de même, croyons-nous, pour que l'inconnaissable ait un effet positif et déterminé sur la conduite, non seulement qu'il soit *conçu* comme *possible*, mais qu'il soit *représenté* sous une forme ou sous une autre dans mon imagination, et sous des formes qui ne se contredisent pas et ne se détruisent pas l'une l'autre. Il faut de plus que je m'imagine pouvoir exercer une action quelconque sur lui ou sur sa réalisation, en un mot, il faut qu'il devienne un idéal plus ou moins déterminable pour moi, plus ou moins réalisable par moi, un avenir. L'idée d'une règle morale, même restrictive, suppose donc comme principe, non pas la simple *conception* de la *possibilité* de l'inconnaissable, mais une *représentation* de sa nature, une *détermination* imaginaire de cette nature, et enfin la croyance en une action possible de la volonté sur lui ou sur sa réalisation à venir. Et une fois qu'il est bien établi que ce sont là autant d'hypothèses, la moralité, y compris la justice même et le droit, apparaît comme ce qu'il y a de plus hypothétique métaphysiquement, abstraction faite des considérations tirées de la science positive, de l'évolution, du bonheur, de l'utilité, etc. [1].

La théorie du doute comme limitant l'égoïsme correspond à un point en quelque sorte subtil, que la pensée et l'action traversent sans s'y arrêter. Il importait assuré-

---

[1]. Au reste, l'auteur de la *Critique des Systèmes de morale* fait lui-même de l'idéal « une formule hypothétique de l'inconnaissable »; et un tel idéal ne peut avoir sur nous qu'une action conditionnelle elle-même.

ment de déterminer ce point, de faire une part dans la morale à notre ignorance certaine, à notre doute certain, et, pour ainsi dire, à la certitude de notre incertitude. En attendant que l'auteur ait développé sa doctrine, on peut lui accorder qu'il a réduit logiquement l'idée de l'impératif à sa vraie valeur. Kant, avons-nous dit, y voyait une certitude, ses disciples y ont vu un objet de foi ; le voilà ramené maintenant à une formule de notre doute, à une limitation de notre conduite par la limitation de notre pensée. Après avoir été un ordre *impératif*, l'inconnaissable n'est plus qu'une *interrogation*. Cette interrogation se pose pour chacun de nous ; mais la réponse que chacun de nous peut y faire est variable suivant les individus et laissée à leur initiative.

On se rappelle la planche de sauvetage dont parle Cicéron, sur laquelle un homme passe, en train de se sauver. Le doute métaphysique, à lui seul, serait bien peu de chose pour m'empêcher de prendre, si je puis, la place de cet homme. L'inconnaissable, au milieu duquel nous vivons et respirons, et qui nous enveloppe pour ainsi dire intellectuellement, ressemble assez à l'espace vide qui nous contient physiquement ; or, l'espace vide, c'est pour nous l'absolue liberté de direction. Il ne peut agir sur nous et régler nos démarches que par les corps qu'il contient et que les sens nous révèlent. Pour qui croit le fond des choses inaccessible à notre pensée, il sera toujours douteux qu'il soit accessible à notre action. L'inconnaissable suprême peut donc, sans contradiction, rester par rapport à notre volonté le suprême indifférent, aussi longtemps qu'il reste pour notre intelligence un objet de doute et de suspension de jugement.

La théorie esquissée dans la *Critique des systèmes de morale* ne deviendra suffisamment claire et féconde que quand son auteur aura réussi à tirer une règle restrictive, et surtout un « idéal *persuasif*, » non pas de nos doutes sur l'inconnaissable, mais de notre connaissance même et du fond connu de la conscience humaine. Il faudrait pouvoir, suivant ses propres termes, rendre l'idéal moral «immanent» et montrer qu'il dérive de l'*expérience* même. C'est d'ailleurs ce qu'il tente déjà de faire dans une des pages importantes de son ouvrage[1]. Il existe selon lui, dans la constitution même de l'intelligence, une sorte d'altruisme qui explique et justifie l'altruisme dans la conduite. Il y a, dit-il, un « altruisme intellectuel, un désintéressement intellectuel, qui fait que nous pouvons *penser* les autres, nous mettre à leur place, nous mettre *en eux* par la pensée. La conscience, se projetant ainsi dans les autres êtres et dans le tout, se relie aux autres et au tout par une idée qui est en même temps une force. » Nous croyons, en effet, qu'il existe une sorte d' « altruisme intellectuel, » et même, selon nous, ce désintéressement de l'intelligence n'est qu'un des aspects de l'altruisme moral, au lieu d'en être le principe. Pour bien concevoir les *autres* consciences, pour se mettre à leur place et entrer en elles pour ainsi dire, il faut, avant tout, sympathiser avec elles : la sympathie des sensibilités est le germe de l'extension des consciences. Comprendre, c'est au fond sentir; comprendre autrui, c'est se sentir en harmonie avec autrui. Cette communicabilité des émotions et des pensées, qui par son côté physiologique est un phénomène de contagion nerveuse, s'explique en grande partie par la fécondité même de la vie, dont l'expansion est à peu près en raison directe de l'intensité[2].

---

1. *Préface*, IX.
2. Voir plus haut.

En résumé, nous arrivons toujours à cette conclusion qu'une morale exclusivement scientifique ne peut donner une solution définitive et complète du problème de l'obligation morale. Nous croyons qu'il faut toujours dépasser la pure expérience. Les vibrations lumineuses de l'éther se transmettent de Sirius jusqu'à mon œil, voilà un fait; mais faut-il ouvrir mon œil pour les recevoir ou faut-il le fermer? — on ne peut pas à cet égard tirer une loi des vibrations mêmes de la lumière. De même, ma conscience arrive à concevoir autrui, mais faut-il m'ouvrir tout entier à autrui, faut-il me fermer à moitié, — c'est là un problème dont la solution pratique dépendra de l'hypothèse personnelle que j'aurai faite sur l'univers et sur mon rapport avec les autres êtres.

# LIVRE TROISIÈME

## CRITIQUE DE L'IDÉE DE SANCTION

# LIVRE TROISIÈME

CRITIQUE DE L'IDÉE DE SANCTION

## CHAPITRE PREMIER

**Critique de la sanction naturelle et de la sanction morale.**

L'humanité a presque toujours considéré la loi morale et sa sanction comme inséparables : aux yeux de la plupart des moralistes, le vice appelle rationnellement à sa suite la souffrance, la vertu constitue une sorte de droit au bonheur. Aussi l'idée de sanction a-t-elle paru jusqu'ici une des notions primitives et essentielles de toute morale. Selon les stoïciens et les kantiens, il est vrai, la sanction ne sert nullement à fonder la loi ; cependant, elle en est le complément nécessaire : d'après Kant, la pensée de tout être raisonnable unit *a priori* le malheur au vice, le bonheur à la vertu par un jugement synthétique. Telle est au yeux de Kant la force et la légitimité de ce jugement que, si la société humaine se dissolvait de son plein gré, elle devrait d'abord, avant la dispersion de ses membres, exécuter le dernier criminel enfermé dans ses prisons : elle devrait liquider cette sorte de dette du châtiment qui retombe sur elle et retombera plus tard sur Dieu. Même certains moralistes déterministes, qui nient en somme le mérite et le démérite, semblent pourtant voir un légitime besoin intellectuel dans cette tendance de l'humanité à considérer tout acte comme suivi d'une sanction. Enfin des utilitaires, par exemple M. Sidgwick, semblent aussi admettre je ne sais quel lien mystique entre tel genre de conduite et tel état heureux ou malheureux de la sensibilité ; M. Sidgwick croit pouvoir, au nom de l'utilitarisme, faire appel aux peines et aux récompenses de l'autre vie : la loi morale, sans une sanction définitive, lui semblerait aboutir à une « fondamentale contradiction [1]. »

Comme l'idée de sanction est l'un des principes de la morale humaine, elle se retrouve aussi au fond de toute religion, — chrétienne, païenne ou bouddhiste. Il n'est pas une religion qui n'admette une providence, et la providence n'est qu'une sorte de justice distributive qui, après avoir agi incomplètement dans ce monde, prend sa revanche dans un autre : cette justice distributive, c'est ce que les moralistes entendent par la sanction. On peut dire que la religion consiste par essence en cette croyance, qu'il est une sanction métaphysiquement liée à tout acte moral, en d'autres termes qu'il doit exister dans l'ordre profond des choses une proportionnalité entre l'état bon ou mauvais de la volonté et l'état bon ou mauvais de la sensibilité. Sur ce point, il semble donc que la religion et la morale coïncident, que leurs exigences mutuelles s'accordent, bien plus, que la morale se complète par la religion ; l'idée de justice distributive et de sanction, placée d'habitude au premier

---

1. Voir notre *Morale anglaise contemporaine*, 2ᵉ édition.

rang de nos notions morales, appelle en effet naturellement, sous une forme ou une autre, celle d'une justice céleste.

Nous voudrions ici esquisser la critique de cette importante idée de sanction, pour la purifier de toute espèce d'alliance mystique. Est-il vrai qu'il existe un lien naturel ou rationnel entre la *moralité* du vouloir et une *récompense* ou une *peine* appliquée à la *sensibilité ?* En d'autres termes, le *mérite* intrinsèque a-t-il droit de se voir associé à une jouissance, le *démérite* à une douleur ? Tel est le problème, qu'on peut encore poser sous forme d'exemple en demandant : — Existe-t-il aucune espèce de raison (en dehors des considérations sociales), pour que le plus grand criminel reçoive, à cause de son crime, une simple piqûre d'épingle, et l'homme vertueux un *prix* de sa vertu ? L'agent moral lui-même, en dehors des questions d'utilité ou d'hygiène morale, a-t-il à l'égard de soi le devoir de punir *pour punir* ou de récompenser *pour récompenser ?*

Nous voudrions montrer combien est moralement condamnable l'idée que la morale et la religion vulgaires se font de la sanction. Au point de vue social, la sanction vraiment rationnelle d'une loi ne pourrait être qu'une *défense* de cette loi, et cette défense, inutile à l'égard de tout acte passé, nous la verrons porter seulement sur l'avenir. Au point de vue moral, *sanction* semble signifier simplement, d'après l'étymologie même, *consécration, sanctification;* or si, pour ceux qui admettent une loi morale, c'est vraiment le caractère saint et *sacré* de la loi qui lui donne force de loi, il doit impliquer, selon l'idée que nous nous faisons aujourd'hui de la sainteté et de la divinité idéale, une sorte de renoncement, de désintéressement suprême ; plus une loi est sacrée, plus elle doit être désarmée, de telle sorte que, dans l'absolu et en dehors des convenances sociales, la véritable sanction semble devoir être la complète *impunité* de la chose accomplie. Aussi verrons-nous que toute justice proprement *pénale* est injuste ; bien plus, toute justice *distributive* a un caractère exclusivement social et ne peut se justifier qu'au point de vue de la société : d'une manière générale, ce que nous appelons *justice* est une notion tout humaine et relative ; la *charité* seule ou la *pitié* (sans la signification pessimiste que lui donne Schopenhauer) est une idée vraiment universelle, que rien ne peut limiter ni restreindre.

## I

### SANCTION NATURELLE

Les moralistes classiques ont coutume de voir dans la sanction naturelle une idée de même ordre que celle de l'expiation : la nature commence, selon eux, ce que la conscience humaine et Dieu doivent continuer ; quiconque viole les lois naturelles se trouve donc déjà puni d'une manière qui annonce et prépare, à les en croire, la punition résultant des lois morales. — Rien de plus inexact à nos yeux que cette conception. La nature ne *punit* personne (au sens où la morale classique prend ce mot), et la nature n'a personne à punir, par la raison qu'il n'y a pas de vrai coupable contre elle : on ne viole pas une loi naturelle, ou alors ce ne serait plus une loi naturelle ; la prétendue *violation* d'une loi de la nature n'en est jamais qu'une *vérification*, une démonstration visible. La nature est un grand mécanisme qui marche toujours et que le vouloir de l'individu ne saurait un instant entraver : elle broie tranquillement celui qui tombe dans ses engrenages ; être ou ne pas être, elle ne connaît guère d'autre châtiment ni d'autre récompense. Si l'on prétend violer la loi de la pesanteur en se penchant trop par-dessus la tour Saint-Jacques, on sera réduit aussitôt à présenter la vérification sensible de cette loi en se brisant sur le sol. Si l'on veut, comme certain personnage d'un romancier moderne, arrêter une locomotive lancée à toute vitesse en lui présentant une lance de fer, on prouvera à ses propres dépens l'infériorité de la force humaine sur celle la vapeur.

De même, l'indigestion d'un gourmand ou l'ivresse d'un buveur n'ont, dans la nature, aucune espèce de caractère moral et pénal : elles permettent simplement au patient de calculer la force de résistance que son estomac ou son cerveau peut offrir à l'influence nuisible de telle masse d'aliments ou de telle quantité d'alcool : c'est encore une équation mathématique qui se pose, plus compliquée cette fois, et qui sert à vérifier les théorèmes généraux de l'hygiène et de la physiologie. Cette force de résistance d'un estomac ou d'un cerveau variera d'ailleurs beaucoup selon les individus : notre buveur apprendra qu'il ne peut pas boire comme Socrate, et notre gourmand qu'il n'a pas l'estomac de l'empereur Maximin. Remarquons-le, jamais les *conséquences naturelles* d'un acte ne sont liées à l'*intention* qui a dicté cet acte : jetez-vous à l'eau sans savoir nager, que ce soit par dévouement ou par simple désespoir, vous serez noyé tout aussi vite. Ayez un bon estomac et pas de disposition à la goutte : vous pourrez presque impunément manger à l'excès ; au contraire, soyez dyspeptique, et vous serez condamné à souffrir sans cesse le supplice de l'inanition relative. Autre exemple : vous avez cédé à un accès d'intempérance ; vous attendez avec inquiétude la « sanction de la nature » : quelques gouttes d'une teinture médicale la détournera en changeant les termes de l'équation qui se pose dans votre organisme. La justice des *choses* est donc à la fois absolument inflexible au point de vue mathématique et absolument corruptible au point de vue moral.

Pour mieux dire, les lois de la nature, comme telles, sont immorales, ou, si l'on veut, a-morales, précisément parce qu'elles sont nécessaires ; elles sont d'autant moins *saintes* et *sacrées*, elles ont d'autant moins de *sanction* véritable, qu'elles sont en fait plus inviolables. L'homme n'y voit qu'une entrave mobile qu'il tâche de reculer. Toutes ses audaces contre la nature ne sont que des expériences heureuses ou malheureuses, et le résultat de ces expériences a une valeur scientifique, nullement morale.

On a pourtant essayé de maintenir la sanction naturelle en établissant une sorte de secrète harmonie, rendue visible par l'esthétique, entre la marche de la nature et celle de la volonté morale. La moralité communiquerait nécessairement à ceux qui la possèdent une supériorité dans l'ordre même de la nature. « L'expérience, a-t-on dit, constate une dépendance telle entre le bien moral et le bien physique, entre le beau ou le laid exprimés matériellement et le beau ou le laid de l'ordre des passions et des idées, et on voit si bien les organes se modifier, se modeler selon leurs fonctions habituelles, qu'il n'est pas douteux que la vie humaine prolongée, *si elle pouvait l'être assez*, et l'abandon de plus en plus instinctif de certains hommes à tous les vices, la domination acquise de certains autres, ou leurs facultés tournées au bien, ne nous montrassent à la longue des monstres d'un côté, des hommes véritables de l'autre [1]. »

Remarquons-le d'abord, cette loi d'harmonie entre la nature et la moralité qu'on s'efforce d'établir est valable bien plutôt pour l'espèce que pour la vie individuelle, même prolongée : il faut une suite de générations et de modifications spécifiques pour qu'une qualité morale s'exprime par une qualité physique, et un défaut par une laideur. De plus, les partisans de la sanction esthétique semblent confondre entièrement l'*immoralité* avec ce qu'on peut appeler la *bestialité*, c'est-à-dire l'abandon absolu aux instincts grossiers, l'absence de toute idée élevée, de tout raisonnement subtil. L'immoralité n'est pas nécessairement telle ; elle peut coïncider avec le raffinement de l'esprit, elle peut ne pas abaisser l'intelligence ; or ce qui s'exprime dans les organes du corps, c'est plutôt l'abaissement de l'intelligence que la déviation de la volonté. On ne se représente pas une Cléopâtre et un don Juan comme devant cesser nécessairement d'offrir le type de la beauté physique, même si l'on prolonge leur existence. Les instincts de ruse, de colère, de vengeance que nous rencontrons chez les Italiens du sud n'ont point altéré la rare beauté de leur race. D'ailleurs bien des types de conduite qui nous paraissent des vices, dans l'état social avancé où nous nous trouvons, sont des vertus dans l'état de nature ; il n'en peut donc sortir aucune laideur vraiment choquante, aucune altération marquée du type humain. Au contraire, les qualités et parfois les vertus de la civilisation, si on les poussait à l'excès, produiraient facilement des monstruosités physiques. On

---

1. M. Renouvier, *Science de la morale*, I, 289.

voit sur quelle frêle base s'appuie quiconque tâche d'induire la sanction morale et religieuse de la sanction naturelle[1].

## II

### SANCTION MORALE ET JUSTICE DISTRIBUTIVE

Déjà Bentham, Mill, MM. Maudsley, Fouillée, Lombroso se sont attaqués à l'idée de châtiment moral ; ils ont voulu enlever à la peine tout caractère expiatoire et en ont fait un simple moyen social de répression et de réparation ; pour en venir là, ils se sont généralement appuyés sur les doctrines déterministes ou matérialistes, encore discutées aujourd'hui ; aussi M. Janet, au nom du spiritualisme classique, a-t-il cru devoir maintenir malgré tout, dans son dernier ouvrage, le principe de l'expiation réparatrice des crimes librement commis. « Le châtiment, dit-il, ne doit pas être seulement une *menace* qui assure l'exécution de la loi, mais une *réparation* ou une *expiation* qui en corrige la violation. L'*ordre* troublé par une volonté rebelle est *rétabli* par la souffrance qui est la conséquence de la faute commise[2]. » — « C'est surtout à la loi morale,

1. Par exemple M. Renouvier : « Il est permis de voir dans la rémunération future un prolongement naturel de la série des phénomènes qui, dès à présent, mettent les conditions fondamentales *et même les conditions physiques du bonheur* dans la dépendance de la moralité. » (*Science de la morale*, p. 290.)
2. M. Janet, *Traité de philos.*, p, 707. « La première *loi de l'ordre*, avait dit V. Cousin, est d'être fidèle à la vertu ; si l'on y manque, la seconde loi de l'ordre est d'expier sa faute par la punition... Dans l'intelligence, à l'idée d'injustice correspond celle de peine. » Deux

a-t-on dit encore [1], qu'une sanction est nécessaire... Elle n'est une loi *sévère* et *sainte* qu'à la condition que le *châtiment* soit attaché à sa violation et le *bonheur* au soin qu'on prend de l'observer. » Nous croyons que cette doctrine de la rémunération sensible, surtout de l'expiation, est insoutenable à quelque point de vue qu'on se place, et même en supposant qu'il existe une « loi morale » s'adressant impérativement à des êtres doués de liberté. Elle est une doctrine matérialiste mal à propos opposée au prétendu matérialisme de ses adversaires.

Cherchons, en dehors de tout préjugé, de toute idée préconçue, quelle raison *morale* il y aurait pour qu'un être *moralement* mauvais reçût une souffrance *sensible*, et un être bon un surplus de jouissances; nous verrons qu'il n'y a pas de raison, et que, au lieu de nous trouver en présence d'une proposition « évidente » *à priori*, nous sommes devant une induction grossièrement empirique et physique, tirée des principes du *talion* ou de l'*intérêt* bien entendu. Cette induction se déguise sous trois notions prétendues rationnelles : 1° celle de *mérite;* 2° celle d'*ordre;* 3° celle de *justice distributive*.

des philosophes qui ont le plus protesté en France contre la doctrine selon laquelle les lois sociales seraient *expiatrices* et non simplement *défensives*, MM. Franck et Renouvier, semblent cependant admettre comme évident le principe d'une rémunération attachée à la loi morale. « Il ne s'agit pas de savoir, dit M. Franck, si le mal *mérite* d'être *puni*, car cette proposition est *évidente* par elle-même. » (*Philos. du droit pénal*, p. 79.) « Ce serait aller contre la nature des choses, dit aussi M. Renouvier, que d'exiger de la *vertu* de n'attendre point de *rémunération*. » (*Science de la morale*, p. 286.) M. Caro va plus loin, et dans deux chapitres des *Problèmes de morale sociale* il s'efforce, en s'appuyant sur M. de Broglie, de maintenir à la fois le droit moral et le droit social de *punir* les coupables.

1. M. Marion, *Leçons de morale*, p. 157.

I. — Dans la théorie classique du mérite : « J'ai démérité, » qui exprimait d'abord simplement la valeur intrinsèque du vouloir, prend le sens suivant : « J'ai mérité un châtiment, » et exprime désormais un rapport du dedans au dehors. Ce passage brusque du moral au sensible, des parties profondes de notre être aux parties superficielles, nous paraît injustifiable. Il l'est plus encore dans l'hypothèse du libre arbitre que dans les autres. D'après cette hypothèse, en effet, les diverses facultés de l'homme ne sont pas vraiment liées et déterminées les unes par les autres : la volonté n'est pas le pur produit de l'intelligence, sortie elle-même de la sensibilité ; la sensibilité n'est donc plus le vrai centre de l'être, et il devient difficile de comprendre comment elle peut répondre pour la volonté. Si celle-ci a librement voulu le mal, ce n'est pas la faute de la sensibilité, qui n'a joué que le rôle de mobile et non de cause. Ajoutez le mal sensible du châtiment au mal moral de la faute, sous prétexte d'expiation, vous aurez doublé la somme des maux sans rien réparer : vous ressemblerez à un médecin de Molière qui, appelé pour guérir un bras malade, couperait l'autre à son patient. Sans les raisons de défense sociale (dont nous nous occuperons plus tard), le châtiment serait aussi blâmable que le crime, et la prison ne vaudrait pas mieux que ceux qui y habitent ; disons plus : les législateurs et les juges, en frappant les coupables de propos délibéré, se feraient leurs égaux. *Si l'on fait abstraction de l'utilité sociale,* quelle différence y aura-t-il entre le meurtre commis par l'assassin et le meurtre commis par le bourreau ? Le dernier crime n'a même pas pour circonstance atténuante quelque raison d'intérêt personnel ou de vengeance ; le meurtre légal devient plus complètement absurde que le meurtre illégal. Le bourreau *imite* l'assassin, comme d'autres assassins l'imiteront lui-même, subissant à leur tour cette sorte de fascination qu'exerce le meurtre et qui fait pratiquement de l'échafaud une école de crime. Il est impossible de voir dans la « sanction expiatrice » rien qui ressemble à une conséquence rationnelle de la faute; c'est une simple séquence mécanique, ou, pour mieux dire, une répétition matérielle, une copie dont la faute est le modèle.

II. — Invoquera-t-on, avec V. Cousin et M. Janet, cet étrange principe de l'*ordre*, que trouble une « volonté rebelle » et que la souffrance seule peut rétablir? On oublie de distinguer ici entre la question sociale et la question morale.

L'ordre *social* a été, en effet, l'origine historique du châtiment, et la *peine* n'était au début, comme l'a fait voir Littré, qu'une compensation, une indemnité matérielle, exigée par la victime ou par ses parents; mais, lorsqu'on se place en dehors du point de vue social, la peine peut-elle rien compenser? Il serait trop commode qu'un crime pût être physiquement réparé par le châtiment, et qu'on pût payer le prix d'une mauvaise action avec une certaine dose de souffrance physique, comme on achetait les indulgences de l'Église en écus sonnants. Non, ce qui est fait est fait; le mal moral reste, malgré tout le mal physique qu'on peut y ajouter. Autant il serait rationnel de poursuivre, avec les déterministes, la guérison du coupable, autant il est irrationnel de chercher la *punition* ou la *compensation* du crime. Cette idée est le résultat d'une sorte de mathématique et de balance enfantine. « Œil pour œil, dent pour dent [1]. » Pour qui admet l'hypothèse du libre arbitre, l'un

1. Un des principaux représentants en France de la morale

des plateaux de la balance est dans le monde moral, l'autre dans le monde sensible, l'un dans le ciel, l'autre sur la terre : dans le premier est une volonté libre, dans le second une sensibilité toute déterminée ; comment établir entre elles l'équilibre ? Le libre arbitre, s'il existe, est

du devoir, M. Renouvier, après avoir vivement critiqué lui-même l'idée vulgaire de la punition, a fait pourtant de grands efforts pour sauver le principe du talion en l'interprétant dans un meilleur sens. « Pris en lui-même et comme expression d'un sentiment de l'âme en présence du crime, le talion serait loin de mériter le mépris ou l'indignation dont l'accablent des publicistes dont les théories pénales sont souvent plus mal fondées en stricte justice. » (*Science de la morale*, t. II, p. 296.) Selon M. Renouvier, il ne serait pas mauvais que le coupable subît l'effet de sa maxime érigée en règle générale ; ce qui est irréalisable, c'est l'équivalence mathématique que le talion suppose entre la peine et l'injure. — Mais, répondrons-nous, si cette équivalence était réalisable, le talion n'en serait pas plus juste pour cela ; car nous ne pouvons pas, quoi qu'en dise M. Renouvier, ériger en loi générale la maxime et l'intention immorale de celui qui a provoqué le talion ; nous ne pouvons non plus ériger en loi générale la maxime de la vengeance, qui *rend* les coups reçus ; nous ne pourrions généraliser que le mal physique et l'effet douloureux, mais la généralisation d'un mal est elle-même moralement un mal ; il ne reste donc que des raisons personnelles ou sociales de défense, de précaution, d'utilité. D'après M. Renouvier, le talion, une fois purifié, peut s'exprimer dans cette formule, qu'il déclare acceptable. « Quiconque a violé la liberté d'autrui a *mérité* de souffrir dans la sienne ; » mais cette formule même, selon nous, n'est pas admissible, au point de vue de la généralisation kantienne des intentions. On ne doit point faire souffrir le coupable ni restreindre sa liberté en tant qu'il a violé dans le passé la liberté d'autrui, mais en tant qu'il est *capable* de la violer de nouveau ; on ne peut donc pas dire qu'aucun acte passé *mérite* une peine, et la peine ne se justifie jamais que par la prévision d'actes semblables à l'avenir : elle ne s'attache pas à des *réalités*, mais à de simples *possibilités*, qu'elle s'efforce de modifier. Si le coupable s'exilait *librement* dans une île déserte d'où le retour lui fût impossible, la société humaine (et en général toute société d'êtres moraux) se trouverait désarmée contre lui ; nulle loi morale ne pourrait exiger qu'ayant violé la liberté des autres il *souffrît* dans la sienne.

tout à fait insaisissable pour nous ; c'est un absolu, et on n'a pas de prise sur l'absolu : ses résolutions sont donc en elles-mêmes *irréparables, inexpiables;* on les a comparées à des éclairs, et, en effet, elles éblouissent et disparaissent ; l'action bonne ou coupable descend mystérieusement de la volonté dans le domaine des sens, mais ensuite il est impossible de remonter de ce domaine en celui du libre arbitre pour l'y saisir et l'y punir ; l'éclair descend et ne remonte pas. Il n'existe, entre le « libre arbitre » et les objets du monde sensible, pas d'autre lien rationnel que le propre vouloir de l'agent ; il faut donc, pour que le châtiment soit possible, que le libre arbitre même le veuille, et il ne peut le vouloir que s'il s'est déjà amélioré assez profondément pour avoir en partie cessé de le mériter : telle est l'antinomie à laquelle aboutit la doctrine de l'expiation quand elle entreprend non pas simplement de corriger, mais de punir. Aussi longtemps qu'un criminel reste vraiment tel, il se place par cela même au-dessus de toute sanction morale ; il faudrait le convertir avant de le frapper, et, s'il est converti, pourquoi le frapper? Coupable ou non, la volonté douée de libre arbitre dépasserait à ce point le monde sensible que la seule conduite à tenir devant elle serait de s'incliner ; une volonté de ce genre, c'est un César irresponsable, qu'on peut bien condamner par défaut et exécuter en effigie pour satisfaire la passion populaire, mais qui, en fait, échappe à toute action extérieure. Pendant la Terreur blanche, on brûla des aigles vivants à défaut de celui qu'ils symbolisaient ; les juges humains, dans l'hypothèse d'une expiation infligée au libre arbitre, ne font pas autre chose ; leur cruauté est aussi vaine et aussi irrationnelle ; tandis que le corps innocent de l'accusé se débat entre leurs mains, sa volonté, qui est l'aigle véritable, l'aigle souverain au libre vol, plane insaisissable au-dessus d'eux.

III. — Si l'on cherche à approfondir ce principe naïf ou cruel de l'*ordre* mis en avant par les spiritualistes, et qui rappelle un peu trop l'« ordre régnant à Varsovie, » il se transforme en celui d'une prétendue justice *distributive*. « A chacun selon ses œuvres, » tel est l'idéal social de l'école saint-simonienne ; tel est aussi l'idéal moral, selon M. Janet[1]. La sanction n'est plus alors qu'un simple cas de la proportion générale établie entre tout travail et sa rémunération : 1° celui qui fait beaucoup doit recevoir beaucoup ; 2° celui qui fait peu doit peu recevoir ; 3° celui qui fait le mal doit recevoir le mal. — Remarquons d'abord que ce dernier principe ne peut se déduire en rien des précédents : si un moindre bienfait semble devoir appeler une moindre reconnaissance, il ne s'ensuit pas qu'une offense doive appeler la vengeance à sa suite. En outre, les deux autres principes eux-mêmes nous paraissent contestables, du moins en tant que formules de l'idéal moral.

Ici encore, on confond les deux points de vue moral et social. Le principe : à chacun selon ses *œuvres*, est un simple principe économique ; il résume fort bien l'idéal de la justice commutative et des contrats sociaux, nullement celui d'une justice absolue qui donnerait à chacun selon son *intention* morale. Il veut dire simplement ceci : il faut, indépendamment des intentions, que les objets échangés dans la société soient de même valeur, et qu'un individu qui donne un produit d'un prix considérable ne reçoive pas en échange un salaire insignifiant : c'est la règle des échanges, c'est celle de tout labeur *intéressé*, ce

---

1. *La morale*, p. 577.

n'est pas la règle de l'effort *désintéressé* qu'exigerait par hypothèse la vertu. Il y a et il doit y avoir dans les rapports sociaux un certain tarif des actions, non des intentions ; nous veillons tous à ce que ce tarif soit observé, à ce qu'un marchand qui donne une marchandise falsifiée ou un citoyen qui n'accomplit point son devoir civique ne reçoivent pas en échange la quantité normale d'argent ou de réputation. Rien de mieux ; mais comment tarifer la vertu qui serait vraiment « morale » ? Là où l'on ne considère plus les contrats économiques et les échanges matériels, mais la volonté en elle-même, cette loi perd toute sa valeur. La justice distributive, dans ce qu'elle a de plausible, est donc une règle purement sociale, purement utilitaire, et qui n'a plus de sens en dehors d'une société quelconque. La société repose tout entière sur le principe de réciprocité, c'est-à-dire que, si l'on y produit le bien et l'utile, on attend le bien en échange, et si l'on y produit le nuisible, on attend le nuisible ; de cette réciprocité toute *mécanique*, et qui se retrouve dans le corps social comme dans les autres organismes, résulte une proportionnalité grossière entre le bien sensible d'un individu et le bien sensible des autres, une solidarité mutuelle, qui prend la forme d'une sorte de justice distributive ; mais, encore une fois, c'est là un *équilibre* naturel plutôt qu'une *équité* morale de distribution. Le bien non récompensé, non évalué pour ainsi dire à son vrai prix, le mal non puni, nous choquent simplement comme une chose antisociale, comme une monstruosité économique et politique, comme une *relation* nuisible entre les êtres ; mais, à un point de vue *moral*, il n'en est plus ainsi. Au fond, le principe : « A chacun selon ses œuvres, » est une excellente formule sociale d'encouragement pour le travailleur ou l'agent moral ; il lui impose comme idéal une sorte de « travail à la tâche, » qui est toujours bien plus productif que le « travail à la journée » et surtout que le travail « à l'intention ; » c'est une règle éminemment pratique, non une sanction. Le caractère essentiel d'une vraie sanction morale, en effet, serait de ne jamais constituer une fin, un but ; l'enfant qui récite correctement sa leçon pour le simple but de recevoir ensuite des dragées ne les *mérite* plus, au point de vue de la morale, précisément parce qu'il les a prises pour fin. La sanction doit donc se trouver tout à fait en dehors des régions de la *finalité*, à plus forte raison de l'*utilité ;* sa prétention est d'atteindre la volonté en tant que *cause*, sans vouloir la diriger selon un *but*. Aussi nul artifice ne peut transformer le principe pratique de la justice sociale : « Attendez-vous à recevoir des hommes en proportion de ce que vous leur donnerez, » en ce principe métaphysique : « Si la *cause* mystérieuse qui agit en vous est bonne en elle-même et par elle-même, nous produirons un effet agréable sur votre sensibilité ; si elle est mauvaise, nous ferons souffrir votre sensibilité. » La première formule — proportionnalité des échanges — était rationnelle, parce qu'elle constituait un mobile pratique pour la volonté et portait sur l'*avenir :* la seconde, qui ne contient aucun motif d'action et qui, par un effet rétroactif, porte sur le *passé* au lieu de modifier l'avenir, est pratiquement stérile et moralement vide. La notion de justice distributive n'a donc de valeur qu'en tant qu'elle exprime un idéal tout social, dont les lois économiques tendent d'elles-mêmes à produire la réalisation ; elle devient immorale si, en lui donnant un caractère absolu et métaphysique, on veut en faire le principe d'un châtiment ou d'une récompense.

Que la vertu ait pour elle le jugement moral de tous

les êtres, et que le crime l'ait contre lui, rien de plus rationnel ; mais ce jugement ne peut sortir des limites du monde moral pour se changer en la moindre action coercitive et afflictive. Jamais cette affirmation : — Vous êtes bon, vous êtes méchant, — ne pourra devenir celle-ci : — Il faut vous faire jouir ou souffrir. Le coupable ne saurait avoir ce privilège de forcer l'homme de bien à lui faire du mal. Le vice comme la vertu ne sont donc responsables que devant eux-mêmes et tout au plus devant la *conscience* d'autrui; après tout, le vice et la vertu ne sont que des formes que se donne la volonté, et par-dessus ces formes subsiste toujours la volonté même, dont la nature semble être d'aspirer au bonheur. On ne voit pas pourquoi ce vœu éternel ne serait pas satisfait chez tous. Les bêtes féroces humaines doivent être, dans l'absolu, traitées avec indulgence et pitié comme tous les autres êtres ; peu importe qu'on considère leur férocité comme fatale ou comme libre, elles sont toujours à plaindre moralement ; pourquoi voudrait-on qu'elles le devinssent physiquement ? On montrait à une petite fille une grande image coloriée représentant des martyrs ; dans l'arène, lions et tigres se repaissaient du sang chrétien ; à l'écart, un autre tigre était resté en cage sous les verrous et regardait d'un air piteux. « Ces malheureux martyrs, dit-on à l'enfant, ne les plains-tu pas ? — Et ce pauvre tigre ? répondit-elle, qui n'a pas de chrétien à manger ! » Un sage dépourvu de tout préjugé aurait assurément pitié des martyrs, mais cela ne l'empêcherait pas d'avoir aussi pitié du tigre affamé. On sait la légende hindoue suivant laquelle Bouddha donna son propre corps en nourriture à une bête féroce qui mourait de faim. C'est là la pitié suprême, la seule qui ne renferme pas quelque injustice cachée. Une telle conduite, absurde au point de vue pratique et social, est la seule légitime au point de vue de la pure moralité. A la justice étroite et tout humaine, qui refuse le bien à celui qui est déjà assez malheureux pour être coupable, il faut substituer une autre justice plus large, qui donne le bien à tous, non seulement en ignorant de quelle main elle le donne, mais en ne voulant pas savoir quelle main le reçoit.

Cette sorte de titre au bonheur qu'on réserve pour l'homme de bien seul, et auquel correspondrait chez tous les êtres inférieurs un véritable droit au malheur, est un reste des anciens préjugés *aristocratiques* (au sens étymologique du mot). La raison peut se plaire à supposer un certain lien entre la sensibilité et le bonheur, car tout être sentant désire la jouissance et hait la peine par sa nature même et sa définition. La raison peut aussi supposer un lien entre *toute* volonté et le bonheur, car tout être susceptible de volonté aspire spontanément à se sentir heureux. Les différences entre les volontés ne s'introduisent que lorsqu'il s'agit de choisir les voies et moyens pour arriver au bonheur; certains hommes croient leur bonheur incompatible avec celui d'autrui, certains autres cherchent leur bonheur dans celui d'autrui : voilà ce qui distingue les bons des méchants. A cette divergence dans la direction de telle ou telle volonté répondrait, suivant la morale orthodoxe, une différence essentielle dans sa nature même, dans la cause profonde et indépendante qu'elle manifeste au dehors; soit, mais cette différence ne peut supprimer le rapport permanent entre la volonté et le bonheur. Les coupables gardent aujourd'hui même devant nos lois un certain nombre de droits; ils conservent tous ces droits dans l'absolu (pour qui admet un absolu) : de même qu'un homme ne peut pas lui-même se vendre comme esclave, il ne peut s'enlever lui-même cette sorte de titre naturel que tout être sentant croit avoir au bonheur final. Tant que les êtres librement ou fatalement mauvais persévéreront à vouloir le bonheur, je ne vois pas quelle raison on peut invoquer pour le leur retirer.

— Il y a, direz-vous, cette raison, suffisante à elle seule, qu'ils sont mauvais. — Est-ce donc seulement pour les rendre meilleurs que vous avez recours à la souffrance? Non; ce n'est là pour vous qu'un but secondaire, qui pourrait être atteint par d'autres moyens; votre but principal est de produire chez eux l'*expiation*, c'est-à-dire le malheur sans *utilité* et sans objet. Comme si ce n'était pas assez pour eux d'être méchants! Nos moralistes en sont encore à l'arbitraire distribution que semble admettre l'Évangile : « A ceux qui ont déjà il sera donné encore, et à ceux qui n'ont rien il sera enlevé même le peu qu'ils possèdent. » L'idée chrétienne de *grâce* serait cependant acceptable à une condition : c'est d'être universalisée, étendue à tous les hommes et à tous les êtres ; on en ferait par là même, au lieu d'une *grâce*, une sorte de *dette* divine; mais ce qui choque profondément dans toute morale empruntée de près ou de loin au christianisme, c'est l'idée d'une *élection*, d'un choix, d'une faveur, d'une *distribution* de la grâce. Un dieu n'a pas à choisir entre les êtres pour voir ceux qu'il veut finalement rendre heureux; même un législateur humain, s'il prétendait donner une valeur absolue et vraiment divine à ses lois, serait forcé aussi de renoncer à tout ce qui rappelle une « élection, » une « préférence, » une prétendue distribution et sanction. Tout don *partiel* est nécessairement aussi *partial*, et sur la terre comme au ciel il ne saurait y avoir de *faveur*.

# CHAPITRE II

**Principes de la justice pénale ou défensive dans la société.**

Notre société actuelle ne peut assurément réaliser le lointain idéal de l'indulgence universelle ; mais elle peut encore moins prendre pour type de conduite l'idéal opposé de la morale orthodoxe, à savoir la distribution du bonheur et du malheur suivant le mérite et le démérite. Nous l'avons vu, il n'y a pas de raison purement *morale* pour supposer aucune distribution de peines au vice et de primes à la vertu. A plus forte raison faut-il reconnaître qu'il n'y a pas, en droit pur, de *sanction* sociale, et que les faits désignés sous ce nom sont de simples phénomènes de *défense* sociale [1].

Maintenant, du point de vue théorique pur où nous nous sommes placé jusqu'ici, il nous faut descendre dans la sphère plus trouble des sentiments et des associations

---

1. On nous fera sans doute l'antique objection : « Si les punitions n'étaient de la part de la société que des moyens de défense, ce serait des *coups*, ce ne seraient pas des *punitions*. » (M. Janet, *Cours de philosophie*, p. 30.) — Au contraire, quand les punitions ne se trouvent pas justifiées par la défense, c'est précisément elles qui sont de vrais coups, sous quelque euphémisme qu'on les désigne ; en dehors des raisons de *défense* sociale, on ne transformera jamais en un acte moral l'acte d'administrer, par exemple, cent coups de bâton sur la plante des pieds d'un voleur pour le *punir*.

d'idées, où nos adversaires pourraient reprendre l'avantage. La majorité de l'espèce humaine ne partage nullement les idées des Hindous et de tout vrai philosophe sur la justice absolue identique à la charité universelle : elle a de fortes préventions contre la tigresse affamée pour laquelle se dévoua Bouddha, elle a des préférences naturelles à l'endroit des brebis. Il ne lui paraît pas satisfaisant que la faute reste impunie et la vertu toute gratuite. L'homme est comme ces enfants qui n'aiment pas les histoires où les bons petits garçons sont mangés par les loups, et qui voudraient au contraire voir les loups mangés. Même au théâtre, on exige généralement que la vertu soit récompensée, le vice puni, et, s'ils ne le sont pas, le spectateur s'en va mécontent, avec le sentiment d'une attente trompée. Pourquoi ce sentiment tenace, ce besoin persistant d'une sanction chez l'être sociable, cette impossibilité psychologique de rester sur l'idée du mal impuni?

C'est, en premier lieu, que l'homme est un être essentiellement pratique et actif, qui tend à tirer de tout ce qu'il voit une règle d'action, et pour qui la vie d'autrui est une perpétuelle morale en exemples ; avec le merveilleux instinct social que possède l'homme, il sent aussitôt qu'un crime impuni est un élément de destruction sociale, il a le pressentiment d'un danger : tel un citadin enfermé dans une ville assiégée et qui découvre une brèche ouverte.

En second lieu, ce mauvais exemple est comme une sorte d'exhortation personnelle au mal murmurée à son oreille et contre laquelle ses plus hauts instincts se révoltent. Tout cela tient à ce que le bon sens populaire fait toujours entrer la sanction dans la *formule* même de la loi et regarde la récompense ou le châtiment comme des *mobiles*. Ἄνθρωπος ζῶον πολιτικόν. La loi humaine a le double caractère d'être *utilitaire* et *nécessitaire* : ce qui est exactement l'opposé d'une loi *morale* commandant sans *mobile* à une *volonté libre*.

Il existe une troisième raison plus profonde encore de l'indignation contre l'impunité : l'intelligence humaine a peine à rester sur l'idée de mal moral; elle en est révoltée à un bien plus haut degré qu'elle ne peut l'être par un manque de symétrie matérielle ou d'exactitude mathématique. Dominée tout entière par l'idée de *progrès*, elle ne peut supporter qu'un être reste pour longtemps arrêté dans sa marche en avant.

Enfin il y a aussi à faire valoir des considérations esthétiques. Un être immoral renferme une *laideur* bien plus repoussante que la laideur physique et sur laquelle la vue n'aime pas à se reposer. On voudrait donc le corriger ou l'écarter, l'améliorer ou le supprimer. Rappelons-nous la position précaire des lépreux et des impurs dans la société antique : ils étaient traités comme nous traitons aujourd'hui les coupables. Si les romanciers ou les auteurs dramatiques ne laissent pas en général le crime trop ouvertement impuni, remarquons aussi qu'ils n'ont pas coutume de représenter leurs principaux personnages, leurs héroïnes surtout, comme franchement laids (goîtreux, bossus, borgnes, etc.); s'ils le font parfois, comme Victor Hugo pour son Quasimodo, leur but est alors de nous faire oublier cette difformité pendant tout le reste de l'ouvrage ou de s'en servir comme antithèse; le plus souvent, le roman se termine par une transformation du héros ou de l'héroïne (comme dans la *Petite Fadette* ou *Jane Eyre*). La laideur produit donc bien, à un moindre degré, le même effet que l'immoralité, et nous éprouvons le besoin de corriger l'une comme l'autre; mais comment corriger du dehors l'immoralité ? L'idée de la *peine* infligée comme réactif se présente aussitôt à l'esprit ; le châtiment est un de ces vieux remèdes populaires comme l'huile bouillante dans laquelle on plongeait avant Ambroise Paré les membres des blessés. Au fond le désir de voir le coupable châtié « part d'un bon naturel. » Il s'explique surtout par l'impossibilité où est l'homme de rester inactif, indifférent devant un mal quelconque ; il veut tenter quelque chose, toucher à la plaie, soit pour la fermer, soit pour appliquer un révulsif, et son intelligence est séduite par cette symétrie apparente que nous offre la proportionnalité du mal moral et du mal physique. Il ne sait pas qu'il est des choses auxquelles il vaut mieux ne pas toucher. Les premiers qui firent des fouilles en Italie, et qui trouvèrent des Vénus avec un bras ou une jambe de moins, éprouvèrent cette indignation que nous ressentons encore aujourd'hui devant une volonté mal équilibrée : ils voulurent réparer le mal, remettre un bras emprunté ailleurs, rajuster une jambe ; aujourd'hui, plus résignés et plus timides, nous laissons les chefs-d'œuvre tels quels, superbement mutilés ; aussi notre admiration même des plus belles œuvres ne va-t-elle pas alors sans quelque souffrance : mais nous aimons mieux souffrir que profaner. Cette souffrance en face d'un mal, ce sentiment de l'irréparable, c'est plutôt encore devant le mal moral que nous devons l'éprouver. Seule la volonté intérieure peut efficacement se corriger elle-même, comme les lointains créateurs des Vénus de marbre pourraient seuls leur redonner ces membres polis et blancs qui ont été brisés ; nous, nous sommes réduits à la chose la plus dure pour l'homme, à l'attente de l'avenir. Le progrès définitif ne peut guère venir que du dedans des êtres. Les seuls moyens que nous puissions employer sont tout indirects (l'éducation par exemple). Quant à la volonté même, elle devrait précisément être sacrée pour ceux qui la regardent comme libre, tout au moins comme spontanée : ils ne peuvent sans contradiction et sans injustice essayer de porter la main sur elle.

Ainsi le sentiment qui nous pousse à désirer une sanction est en partie immoral. Comme beaucoup d'autres sentiments, il a un principe très légitime et des applications mauvaises. Entre l'instinct humain et la théorie scientifique de la morale existe donc une certaine opposition. Nous allons montrer que cette opposition est provisoire et que l'instinct finira par être conforme à la vérité scientifique. Pour cela nous essayerons d'analyser plus à fond que nous ne l'avons fait encore le besoin psychologique d'une sanction chez l'être en société, nous en esquisserons la genèse, et nous verrons comment, produit d'abord par un instinct naturel et légitime, il tend à se restreindre, à se limiter de plus en plus avec la marche de l'évolution humaine.

S'il est une loi générale de la vie, c'est la suivante : Tout animal (nous pourrions étendre la loi même aux végétaux), répond à une attaque par une défense qui est elle-même le plus souvent une attaque en réponse, une sorte de choc en retour : c'est là un instinct primitif, qui a sa source dans le mouvement réflexe, dans l'*irritabilité* des tissus vivants, et sans lequel la vie serait impossible : les animaux privés de leur cerveau ne cherchent-ils pas encore à mordre qui les pince ? Les êtres chez lesquels cet instinct était plus développé et plus sûr ont survécu plus aisément, comme les rosiers munis d'épines. Chez les animaux supérieurs tels que l'homme, cet instinct se diversifie, mais il existe toujours ; en nous se trouve un ressort prêt à se détendre contre qui le touche, semblable à ces plantes qui lancent des traits. C'est à l'origine un phénomène mécanique inconscient ; mais cet instinct, en devenant conscient, ne s'affaiblit pas, comme tant d'autres [1] ; il est en effet nécessaire à la vie de l'individu. Il faut, pour vivre, dans toute société primitive, pouvoir mordre qui vous a mordu, frapper qui vous a frappé. De nos jours encore, quand un enfant, même en jouant, a reçu un coup qu'il n'a pu rendre, il est mécontent; il a le sentiment d'une infériorité : au contraire, lorsqu'il a rendu le coup, en l'accentuant même avec plus d'énergie, il est satisfait, il ne se sent plus inférieur, inégal dans la lutte pour la vie.

Même sentiment chez les animaux : quand on joue avec un chien, il faut se laisser prendre la main de temps en temps par lui si on ne veut pas le mettre en colère. Dans les jeux de l'homme adulte, on retrouve le même besoin d'un certain équilibre entre les chances : les joueurs désirent toujours, suivant l'expression populaire, se trouver au moins « manche à manche. » Sans doute, avec l'homme, de nouveaux sentiments interviennent et s'ajoutent à l'instinct primitif : c'est l'amour-propre, la vanité, le souci de l'opinion d'autrui ; n'importe, on peut distinguer par dessous tout cela quelque chose de plus profond : le sentiment des nécessités de la vie.

Dans les sociétés sauvages un être qui n'est pas capable de rendre, et même au delà, le mal qu'on lui a fait, est un être mal doué pour l'existence, destiné à disparaître tôt ou tard. La vie même, en son essence, est une *revanche*, une revanche permanente contre les obstacles qui l'entravent. Aussi la revanche est-elle physiologiquement nécessaire

---

1. Voir sur ce point la *Morale anglaise contemporaine*, partie II, l. III.

pour tous les êtres vivants, tellement enracinée chez eux que l'instinct brutal en subsiste jusqu'au moment de la mort. On connaît l'histoire de ce Suisse mortellement blessé qui, voyant passer près de lui un chef autrichien, trouva la force de saisir un bloc de rocher et de lui briser la tête, s'anéantissant lui-même par ce dernier effort. On citerait encore bien d'autres faits de ce genre, où la revanche n'est plus justifiée par la défense personnelle et se prolonge pour ainsi dire jusqu'au delà de la vie, par une de ces contradictions nombreuses et parfois fécondes qui produisent chez l'être social tantôt des sentiments mauvais, comme l'avarice, tantôt d'utiles sentiments, comme l'amour de la gloire.

A tout ce mécanisme, remarquons-le, la notion morale de justice ou de mérite est encore étrangère. Si un animal sans cerveau mord qui le blesse, l'idée de sanction n'a rien à y voir; si vous demandez à un enfant ou à un homme du peuple pourquoi il donne des coups à quelqu'un, il pensera se justifier pleinement en vous disant qu'il a été d'abord frappé lui-même. Ne lui en demandez pas plus long : au fond, pour qui ne regarde que les lois générales de la vie, c'est une raison très suffisante.

Nous sommes ici à l'origine même et comme au point d'émergence physique de ce prétendu besoin moral de sanction, qui jusqu'à présent ne nous offre rien de moral, mais qui va bientôt se modifier. Supposons qu'un homme, au lieu d'être lui-même l'objet d'une attaque, en soit le simple spectateur, et qu'il voie l'agresseur vigoureusement repoussé; il ne pourra pas manquer d'applaudir, car il se mettra par la pensée à la place de celui qui se défend et, comme l'a montré l'école anglaise, il sympathisera avec lui. Chaque coup donné à l'agresseur lui apparaîtra ainsi comme

L'ACTION RÉFLEXE ET LE BESOIN DE SANCTION. 165

une juste compensation, une revanche légitime, une sanction[1]. Stuart Mill a donc raison de penser que le besoin de voir châtiée toute attaque contre l'individu se ramène au simple instinct de défense personnelle ; seulement, il a trop

1. Pourquoi se mettra-t-il à la place de celui qui se défend, et non de l'autre? Pour plusieurs raisons, qui n'impliquent pas encore le sentiment de justice qu'il s'agit d'expliquer : 1° parce que l'homme attaqué et surpris est toujours dans une situation inférieure, plus propre à exciter l'intérêt et la pitié; quand nous sommes témoins d'une lutte, ne prenons-nous pas toujours parti pour le plus faible, même sans savoir si c'est lui qui a raison? 2° la situation de l'agresseur est antisociale, contraire à la sécurité mutuelle que comporte toute association ; et, comme nous faisons toujours partie d'une société quelconque, nous sympathisons davantage avec celui des deux adversaires qui est dans la situation la plus semblable à la nôtre, la plus *sociale*. Mais supposons que la société dont un homme fait partie ne soit pas la grande association humaine et se trouve être par exemple une association de voleurs ; alors il se produira dans sa conscience des faits assez étranges : il approuvera un voleur se défendant contre un autre voleur et le châtiant, mais il n'approuvera pas un gendarme se défendant contre un voleur au nom de la grande société; il éprouvera une répugnance invincible à se mettre à la place du gendarme et à sympathiser avec lui, ce qui faussera ses jugements moraux. C'est ainsi que les gens du peuple prennent parti dans toute bagarre contre la police, sans même s'informer de quoi il s'agit; qu'à l'étranger nous serions portés à prendre parti pour les Français, etc. La conscience est remplie de phénomènes de ce genre, complexes au point de sembler se contredire, et qui cependant rentrent sous une loi unique. La sanction est essentiellement la conclusion d'une lutte à laquelle nous assistons comme spectateurs et où nous prenons parti pour l'un ou l'autre des adversaires : est-on gendarme ou citoyen régulier, on approuvera les menottes, la prison, au besoin la potence; est-on voleur ou *lazzarone* ou simplement parfois homme du peuple, on approuvera le coup de fusil tiré d'un buisson, le poignard enfoncé mystérieusement dans le dos des *carabinieri*. Sous tous ces jugements moraux ou immoraux il ne restera d'identique que la constatation de ce fait d'expérience : celui qui frappe doit s'attendre *naturellement* et *socialement* à être frappé à son tour.

confondu la défense avec la vengeance, et il n'a pas montré que cet instinct même se réduit à une action réflexe excitée directement ou sympathiquement. Lorsque cette action réflexe est excitée par sympathie, elle semble revêtir un caractère moral en prenant un caractère désintéressé : ce que nous appelons la sanction pénale n'est donc au fond qu'une *défense* exercée par des individus *à la place desquels nous pouvons nous transporter* en esprit, contre d'autres *à la place desquels nous ne voulons pas nous mettre.*

Le besoin physique et social de sanction a un double aspect, puisque la sanction est tantôt châtiment, tantôt récompense. Si la récompense nous paraît aussi naturelle que la peine, c'est qu'elle a, elle aussi, son origine dans une action réflexe, dans un primitif instinct de la vie. Toute caresse appelle et attend une autre caresse en réponse ; tout témoignage de bienveillance provoque chez autrui un témoignage semblable : cela est vrai du haut en bas de l'échelle animale ; un chien qui s'avance doucement en remuant la queue pour lécher un sien camarade, est indigné s'il se voit accueilli à coups de crocs, comme peut s'indigner un homme de bien recevant le mal en échange de ses bienfaits. Étendez par la sympathie et généralisez cette impression d'abord toute personnelle, vous en viendrez à formuler ce jugement : il est *naturel* que tout être qui travaille au bonheur de ses semblables reçoive lui-même, en échange, les moyens d'être heureux. Nous considérant comme solidaires les uns des autres, nous nous sentons engagés par une sorte de dette à l'égard de tout bienfaiteur de la société. Au déterminisme naturel qui lie le bienfait au bienfait s'ajoute ainsi un sentiment de sympathie et même de reconnaissance à l'égard du bienfaiteur : or, en vertu d'une illusion inévitable, le bonheur nous paraît toujours plus mérité par ceux envers qui nous éprouvons de la sympathie [1].

Après cette genèse rapide des sentiments qu'excite chez l'homme la punition des méchants ou la récompense des bons, on comprendra comment s'est formée la notion d'une justice distributive inflexible, proportionnant le bien au bien, le mal au mal : ce n'est que le symbole métaphysique d'un instinct physique vivace, qui rentre au fond dans celui de la conservation de la vie [2]. Il nous reste à voir com-

---

1. Quelque pessimiste niera-t-il cet instinct naturel de gratitude et nous objectera-t-il qu'au contraire l'homme est naturellement *ingrat*? Rien de plus inexact : il est *oublieux*, voilà tout. Les enfants, les animaux le sont encore plus. Il y a une grande différence entre ces deux choses. L'instinct de la gratitude existe chez tous les êtres et subsiste tant que dure vif et intact le souvenir du bienfait; mais ce souvenir s'altère très rapidement. Des instincts bien plus forts, comme l'intérêt personnel, l'orgueil, etc., le combattent. C'est pour cela que, quand nous nous mettons à la place d'autrui, nous sommes si choqués de ne pas voir une bonne action récompensée, tandis que nous éprouvons souvent si peu de remords en oubliant nous-mêmes de répondre à un bienfait. Le sentiment de la gratitude est un de ces sentiments altruistes naturels qui, se trouvant en contradiction avec l'égoïsme également naturel, sont plus forts quand il s'agit d'apprécier la conduite d'autrui que de régler la nôtre propre.

2. Cet instinct, après avoir créé le système complexe des peines et des récompenses sociales, s'est trouvé fortifié par l'existence même de ce système protecteur. Nous n'avons pas tardé à reconnaître que, lorsque nous lésions autrui de telle façon ou de telle autre, nous devions nous attendre à une répression plus ou moins vive : ainsi s'est établie une association naturelle et rationnelle (signalée déjà par l'école anglaise) entre telle conduite et un certain châtiment. Nous trouvons dans la *Revue philosophique* un exemple curieux d'une association naissante de ce genre chez un animal : « Jusqu'à présent, dit M. Delbœuf, je n'ai vu la relation d'aucun fait d'une portée aussi significative. Le héros est un petit chien croisé de chien-loup et d'épagneul. Il était à cet âge où commence pour son espèce le sérieux des devoirs de la vie sociale. Autorisé à élire domicile dans mon cabinet de travail, il s'y oubliait assez souvent. En

ment, dans le milieu en partie artificiel de la société humaine, cet instinct se modifie peu à peu, de telle sorte qu'un jour la notion de justice distributive y perdra même l'appui pratique que lui prête encore aujourd'hui le sentiment populaire.

Suivons en effet la marche de la sanction pénale avec l'évolution des sociétés. A l'origine, le châtiment était beaucoup plus fort que la faute, la défense dépassait l'attaque. Irritez une bête féroce, elle vous déchirera ; attaquez un homme du monde, il vous répondra par un trait d'esprit ; injuriez un philosophe, il ne vous répondra rien. C'est la loi d'*économie de la force* qui produit cet adoucissement croissant de la sanction pénale. L'animal est un ressort grossièrement réglé dont la détente n'est pas toujours proportionnée à la force qui la provoque ; de même l'homme primitif, et aussi la pénalité des premiers peuples. Pour se défendre contre un agresseur, on l'écrasait. Plus tard, on s'aperçoit qu'il n'y a pas besoin d'avoir la main si lourde : on tâche de proportionner exactement la réaction réflexe à l'attaque ; c'est la période résumée dans le pré-

---

tuteur inflexible, je lui remontrais chaque fois l'horreur de sa conduite, le transportais vivement dans la cour et le mettais debout dans un coin. Après une attente qui variait suivant l'importance du délit, je le faisais revenir. Cette éducation lui fit comprendre assez rapidement certains articles du code de la civilité... canine, au point que je pus croire qu'il s'était enfin corrigé de son penchant à l'oubli des convenances. O déception ! un jour, entrant dans une chambre, je me trouve en face d'un nouveau méfait. Je cherche mon chien pour lui faire sentir toute l'indignité de sa rechute ; il n'est pas là. Je l'appelle, il ne vient pas. Je descends à la cour... il y était, debout, dans le coin, les pattes de devant tombant piteusement sur sa poitrine, l'air contrit, honteux et repentant. Je fus désarmé. » J. Delbœuf, *Revue philosophique*, avril 1881. Voir aussi dans Romanes des faits plus ou moins analogues.

cepte : œil pour œil, dent pour dent, — précepte qui exprime un idéal encore infiniment trop élevé pour les premiers hommes, un idéal auquel nous-mêmes, de nos jours, nous sommes loin d'être arrivés complètement, quoique nous le dépassions à d'autres points de vue. Œil pour œil, c'est la loi physique de l'égalité entre l'action et la réaction qui doit régir un organisme parfaitement équilibré et fonctionnant d'une façon très régulière. Avec le temps seul l'homme s'aperçoit qu'il n'est même pas utile, pour sa conservation personnelle, de proportionner absolument la peine infligée à la souffrance reçue. Il tend donc et tendra de plus en plus dans l'avenir à diminuer la peine ; il économisera les châtiments, les prisons, les sanctions de toute sorte ; ce sont là des dépenses de force sociale parfaitement inutiles, dès qu'elles dépassent le seul but qui les justifie scientifiquement : défense de l'individu et du corps social attaqué. On reconnaît de plus en plus aujourd'hui qu'il y a deux manières de frapper l'innocent : 1° frapper celui qui est innocent de tout point ; 2° frapper trop le coupable. La rancune même, la haine, l'esprit de vengeance, cet emploi si vain des facultés humaines, tendent à disparaître pour laisser place à la constatation du fait et à la recherche des moyens les plus rationnels pour empêcher qu'il ne se renouvelle. Qu'est-ce que la haine ? Une simple forme de l'instinct de conservation physique, le sentiment d'un danger toujours *présent* dans la personne d'un autre individu. Si un chien pense à quelque enfant qui lui a jeté une pierre, un mécanisme d'images naturel associe présentement pour lui à l'idée de l'enfant l'action de jeter la pierre : d'où colère et grincement de dents. La haine a donc eu son utilité et se justifie rationnellement dans un état social peu avancé : c'était un excitant précieux du système nerveux et, par lui, du système musculaire. Dans l'état social supérieur, où l'individu n'a plus besoin de se défendre lui-même, la haine n'a plus de sens. Si l'on est volé, on se plaint à la police ; si l'on est frappé, on demande des dommages et intérêts. Déjà, à notre époque, il n'y a plus à pouvoir éprouver de la haine que les ambitieux, les ignorants ou les sots. Le duel, cette chose absurde, s'en ira ; il est du reste à présent réglé dans ses détails comme une visite officielle, et bien souvent on s'y bat pour la forme. La peine de mort ou disparaîtra ou ne sera conservée que comme moyen préventif, dans le but d'épouvanter mécaniquement les criminels de race, les criminels mécaniques. Les prisons et les bagnes seront probablement démolis pour être remplacés par la déportation, qui est l'élimination sous sa forme la plus simple ; déjà la prison même s'est adoucie [1] : on y laisse davantage pénétrer l'air et la lumière : les barreaux de fer qui retiennent le coupable sans trop écarter les rayons du soleil figurent symboliquement l'idéal de la justice pénale, qu'on peut exprimer par cette formule scientifique : le *maximum de défense sociale* avec le *minimum de souffrance individuelle*.

Ainsi, plus nous allons, plus la vérité théorique s'impose même aux masses et modifie le besoin populaire de

1. Pour tous les délits qui ne peuvent entraîner la déportation, M. Le Bon a proposé avec raison l'*amende*, ou un *travail obligatoire* (industriel ou agricole), ou enfin un *service militaire* forcé sous une discipline sévère (*Revue philos.*, mai 1884). On le sait, nos prisons sont des lieux de perversion plutôt que de conversion. Ce sont des endroits de réunion et d'association pour les malfaiteurs, des « clubs antisociaux. » Chaque année, écrivait un président de la cour de cassation, M. Béranger, cent mille individus « vont s'y plonger plus avant dans le crime, » soit un million en dix ans. De là l'augmentation considérable des récidives (cette augmentation est en moyenne de plus de deux mille par an).

châtiment. Lorsque aujourd'hui la société châtie, ce n'est jamais *pour l'acte qui a été commis* dans le passé, c'est pour ceux que le coupable ou d'autres à son exemple pourraient commettre dans l'avenir. La sanction ne vaut que comme promesse ou menace précédant l'acte et tendant mécaniquement à le produire ; celui-ci accompli, elle perd toute sa valeur : elle est un simple bouclier ou un simple ressort déterministe, et rien de plus. C'est bien pour cela qu'on ne punit plus les fous par exemple : on y a renoncé, après avoir reconnu que la crainte du châtiment n'avait pas d'action efficace sur eux. Il y a un siècle à peine, avant Pinel, l'instinct populaire voulait qu'on les punît comme tous les autres coupables, ce qui prouve combien les idées de responsabilité ou d'irresponsabilité sont vagues dans le concept vulgaire et utilitaire de la sanction sociale. Le peuple ne parlait pas au nom de ces idées métaphysiques, mais bien plutôt au nom de l'intérêt social, lorsqu'il réclamait autrefois des châtiments cruels, en harmonie avec ses mœurs ; les légistes ne doivent pas davantage mettre ces idées en avant, lorsqu'ils travaillent de nos jours à réduire la peine au strict nécessaire. Le « libre arbitre » et la « responsabilité absolue, » à eux seuls, ne légitiment pas plus un châtiment social que l'irresponsabilité métaphysique et le déterminisme métaphysique ; ce qui seul justifie la peine, c'est son *efficacité* au point de vue de la défense sociale [1].

1. Il faut donc approuver la nouvelle école de juristes, particulièrement nombreuse et brillante en Italie, qui s'efforce de placer le droit pénal en dehors de toute considération morale et métaphysique. Remarquons pourtant que cette école a tort lorsque, après avoir mis à part toute idée de responsabilité métaphysique, elle pense être forcée par ses propres principes de mettre également à part « l'élément intentionnel et volontaire. » Suivant MM. Lom-

De même que les châtiments sociaux se réduisent de notre temps au strict nécessaire, les récompenses sociales (titres de noblesse, charges honorifiques, etc.), deviennent aussi beaucoup plus rares et plus exceptionnelles. Jadis, lorsqu'un général était vaincu, on le mettait à mort et quelquefois en croix ; lorsqu'il était vainqueur, on le nommait *imperator* et on le portait en triomphe : de nos jours, un général n'a pas besoin pour vaincre de s'attendre ni à de tels honneurs ni à une fin si lamentable. La société repo-

broso, E. Ferri, Garofalo, le jugement légal ne doit porter que sur l'action et sur les mobiles sociaux ou antisociaux qui l'ont produite, sans jamais prétendre apprécier la *puissance* plus ou moins grande et la *qualité* intrinsèque de la volonté. MM. Garofalo et Ferri s'appuient sur un exemple qui se retourne contre eux : ils citent cet article des codes italien et français qui punit de prison et d'amende « l'homicide, les coups et blessures *involontaires* » (Garofalo, *Di un criterio positivo della penalità*, Napoli, 1880; E. Ferri, *Il diritto di punire*, Torino, 1882). Suivant eux, cet article de loi, ne tenant aucun compte de la volonté du coupable, ne considère que l'acte brut, tout à fait détaché de l'intention qui l'a dicté : cette loi, suivant eux, serait l'un des types dont les lois de l'avenir doivent se rapprocher. — Mais il n'est pas du tout exact que l'article en question ne tienne aucun compte de la volonté du coupable ; si les coups et blessures dits *involontaires* (ou plutôt *par imprudence*) étaient absolument tels, on ne les punirait pas, parce que la punition serait inefficace ; la vérité est qu'ils se produisent faute d'attention : or l'attention étant une œuvre de volonté, elle peut mécaniquement être excitée ou soutenue par la crainte de la peine, et c'est pourquoi la peine intervient. La vie en société exige précisément chez l'homme, entre toutes les autres qualités, une certaine dose d'attention, une puissance et une stabilité de la volonté dont le sauvage par exemple est incapable. Le droit pénal a pour but, entre autres objets, de développer la volonté en ce sens : aussi est-ce encore à tort que MM. Carrara et E. Ferri ne trouvent « aucune responsabilité sociale » chez celui qui a commis un crime sans le faire de sa propre initiative et selon un mobile antisocial, mais parce qu'un autre l'a forcé à donner le coup de poignard ou à verser le poison. Un tel homme, quoi qu'en pensent les modernes juristes italiens, constitue un certain danger pour la société, sant sur un ensemble d'échanges, celui qui rend un service compte, en vertu des lois économiques, recevoir non une sanction, mais simplement un autre service : des *honoraires* ou un *salaire* remplacent la récompense proprement dite ; le bien appelle le bien par une sorte d'équilibre naturel. Au fond, la *récompense*, telle qu'elle existait et existe encore aujourd'hui dans les sociétés non démocratiques, constituait toujours un *privilège*. Par exemple, l'auteur que le roi choisissait autrefois pour lui donner une pension était assurément un écrivain *privilégié*, tandis qu'aujourd'hui l'auteur dont les livres se vendent est sim-

non sans doute à cause de ses passions ou même de ses actions *personnelles*, mais simplement à cause de sa faiblesse de volonté : c'est un instrument au lieu d'être une personne ; or il est toujours périlleux d'avoir dans un État des instruments au lieu de citoyens. Il peut exister quelque chose d'antisocial non seulement dans les mobiles extérieurs qui agissent sur la volonté, mais même dans la nature de cette volonté ; or, partout où se trouve quelque chose d'antisocial, il y a prise pour une sanction légale. Il ne faut donc pas considérer la pénalité humaine comme étant absolument de même ordre que la sanction prétendue naturelle, qui tire les conséquences d'un acte donné, par exemple celui de tomber à l'eau, sans se préoccuper jamais de la volonté et de l'intention qui a précédé cet acte (E. Ferri, *Il diritto di punire*, p. 25). Non, le déterminisme intérieur de l'individu ne saurait échapper entièrement à l'appréciation légale, et de ce qu'un juge n'a jamais à se demander si un acte est *moralement* ou *métaphysiquement libre*, il ne s'ensuit pas qu'il doive en aucun cas négliger d'examiner avec quelle dose d'*attention* et d'*intention*, enfin avec quel degré de volonté consciente cet acte a été accompli. Par degrés, le châtiment n'est devenu aujourd'hui qu'une mesure de précaution sociale ; mais cette précaution doit viser, outre l'acte et ses mobiles, la volonté qui se cache derrière : cette volonté, quelle que soit sa nature ultime et métaphysique, est mécaniquement une force dont l'intensité plus ou moins grande doit entrer dans les calculs sociaux. Il serait absurde à un ingénieur qui veut endiguer un fleuve de se préoccuper uniquement du volume de ses eaux, sans faire entrer en ligne de compte la force du courant qui les entraîne.

plement un écrivain lu. La récompense était si bien considérée jadis comme un privilège, qu'elle devenait fort souvent *héréditaire*, comme les fiefs ou les titres ; c'est ainsi que la prétendue justice distributive produisait en fait les plus choquantes injustices. De plus, celui même qu'on récompensait y perdait en dignité morale ; car ce qu'il recevait ne lui apparaissait à lui-même que comme un *don*, au lieu d'être une *possession* légitime. Chose remarquable, le régime économique qui tend à prédominer parmi nous a, par certains côtés, un aspect beaucoup plus moral que le régime de la prétendue justice distributive, car au lieu de faire de nous des hommes-liges, il nous fait légitimes et absolus possesseurs de tout ce que nous gagnons par notre travail et nos œuvres. Tout ce qui s'obtenait autrefois par *récompense* ou par *faveur* s'obtiendra de plus en plus par *concours*. Les concours, où M. Renan voit une cause d'abaissement pour la société moderne, permettent aujourd'hui à l'homme de talent de créer lui-même sa position et de se devoir à lui-même la place où il parvient. Or les concours sont un moyen de remplacer la récompense et le don *gracieux* par un payement exigible. Plus nous allons, plus chacun sent ce qu'on lui doit et le réclame ; mais ce qu'on doit à chacun perd de plus en plus le caractère d'une sanction pour prendre celui d'un engagement liant à la fois la société et l'individu.

Comme les récompenses sociales déterminées que nous venons de rappeler, les autres récompenses plus vagues de l'*estime publique* et de la *popularité* tendent aussi à perdre de leur importance avec la marche même de la civilisation. Chez les sauvages, un homme populaire est un dieu ou à peu près ; chez les peuples déjà civilisés, c'est encore un homme d'une taille surhumaine, un « instrument providentiel; » il viendra un moment où, aux yeux de tous, ce sera un homme et rien de plus. L'engouement des peuples pour les Césars ou les Napoléons passera par degrés; la renommée des hommes de science nous apparaît déjà aujourd'hui comme la seule vraiment grande et durable; or, ceux-ci étant surtout admirés des gens qui les comprennent et ne pouvant être compris que par un petit nombre, leur gloire sera toujours restreinte à un cercle peu large. Perdus dans la marée montante des têtes humaines, les hommes de talent ou de génie s'habitueront donc à n'avoir besoin, pour se soutenir en leurs travaux, que de l'estime d'un petit nombre et de la leur propre. Ils se frayeront ici-bas un chemin et l'ouvriront à l'humanité, poussés plutôt par une force intérieure que par l'attrait des récompenses. Plus nous allons, plus nous sentons que le *nom* d'un homme devient peu de chose; nous n'y tenons encore que par une sorte d'enfantillage conscient; mais l'*œuvre*, pour nous-mêmes comme pour tous, est la chose essentielle. Les hautes intelligences, pendant que dans les hautes sphères elles travaillent presque silencieusement, doivent voir avec joie les petits, les infimes, ceux qui sont sans nom et sans mérite, avoir une part croissante dans les préoccupations de l'humanité. On s'efforce bien plus aujourd'hui d'adoucir le sort de ceux qui sont malheureux ou même déjà coupables, que de combler de bienfaits ceux qui ont le bonheur d'être au premier rang de l'échelle humaine : par exemple, une loi nouvelle concernant le peuple ou les pauvres pourra nous intéresser plus que tel événement arrivé à un haut personnage; c'était tout le contraire autrefois. Les questions de personnes s'effaceront pour laisser place aux idées abstraites de la science ou au sentiment concret de la pitié et de la philanthropie. La misère d'un groupe social attirera plus invinciblement l'attention et les bienfaits, que le mérite de tel ou tel individu : on voudra plus encore soulager ceux qui souffrent que récompenser d'une manière brillante et superficielle ceux qui ont bien agi. A la justice distributive — qui est une justice tout individuelle, toute personnelle, une justice de privilège (si les mots ne juraient pas ensemble) — doit donc se substituer une équité d'un caractère plus absolu et qui n'est au fond que la charité. Charité pour tous les hommes, quelle que soit leur valeur morale, intellectuelle ou physique, tel doit être le but dernier poursuivi même par l'opinion publique.

# CHAPITRE III

### Critique de la sanction intérieure et du remords.

Toute sanction extérieure, peine ou récompense, nous est apparue tantôt comme une cruauté, tantôt comme un privilège. S'il n'y a pas de raison purement morale pour établir ainsi, du dehors de l'être, une proportion absolue entre le bonheur et la vertu, y a-t-il une raison morale pour voir cette proportion réalisée au dedans de l'être, par sa *sensibilité ?* En d'autres termes, doit-il et peut-il exister dans la conscience, pour employer les termes de Kant, un état *pathologique* de *plaisir* ou de *peine* sanctionnant la *loi morale*, une sorte de pathologie morale, et la *moralité* doit-elle, *à priori*, avoir des conséquences *passionnelles ?*

Figurons-nous, par hypothèse, une vertu si hétérogène à la nature qu'elle n'aurait aucun caractère sensible et ne se trouverait en conformité avec aucun *instinct* social ou personnel, avec aucune *passion* naturelle, aucun πάθος, mais en conformité avec la seule raison *pure;* figurons-nous d'autre part une direction immorale de la volonté qui, tout en étant la négation des « lois de la raison pure pratique, » ne rencontrerait pas en même temps résistance de la part d'un penchant naturel, d'une passion naturelle (même pas, par hypothèse, le plaisir naturel de raisonner juste, le sentiment agréable de l'exercice logique selon les règles). En ce cas (qui ne peut d'ailleurs se rencontrer dans l'humanité), serait-il rationnel qu'à un mérite et à un démérite sans aucun rapport avec le monde sensible vinssent se joindre une peine ou une jouissance sensibles, une *pathologie ?* Aussi la satisfaction morale ou le remords, en tant que *plaisir* et *peine*, en tant que *passions*, c'est-à-dire en tant que simples phénomènes de la sensibilité, semblent à Kant non moins inexplicables que l'idée même du devoir. Il y voit un mystère [1] ; mais ce mystère se résout en une impossibilité. Si le mérite moral était pure conformité à la *loi* rationnelle comme telle, pure *rationalité*, pur *formalisme*, s'il était l'œuvre d'une pure liberté transcendante et étrangère à tout penchant naturel, il ne produirait aucune jouissance dans l'ordre de la nature, aucune expansion de l'être sensible, aucune chaleur intérieure, aucun battement du cœur. De même, si la mauvaise volonté, source du démérite, pouvait, par hypothèse, ne se trouver en même temps contraire à *aucun* des penchants naturels de notre être, mais les servait tous, elle ne produirait nulle souffrance ; le démérite en ce cas devrait même *naturellement* aboutir au parfait bonheur sensible et passionnel. S'il n'en est pas ainsi, c'est que l'acte moral ou immoral, même alors qu'on le suppose supra-sensible par l'intention, rencontre encore

---

1. *Crit. de la R. prat.*, tr. Barni, 121. M. Janet, s'inspirant sans doute de Kant et peut-être des théologiens, renonce aussi à déduire le sentiment du remords de l'immoralité ; il semble y voir la preuve d'une sorte de mystérieuse harmonie préétablie entre la nature et la loi morale. « Le remords, dit-il, est la douleur cuisante, la *morsure* qui torture le cœur après une action coupable. Cette souffrance n'a *aucun* caractère moral et doit être considérée comme une sorte de *châtiment* infligé au crime par la *nature* elle-même. » (*Tr. de philos.*, p. 673.)

dans notre nature « pathologique » des aides ou des obstacles ; si nous jouissons ou souffrons, ce n'est plus en tant que notre intention est conforme ou contraire à une loi rationnelle fixe, à une loi de liberté supra-naturelle, mais en tant qu'elle se trouve en même temps conforme ou contraire à notre nature sensible, toujours plus ou moins variable.

En d'autres termes, la satisfaction morale ou le remords ne proviennent pas de notre *rapport à une loi morale* tout *à priori*, mais de notre *rapport aux lois naturelles* et empiriques.

Même le simple *plaisir* de raison que nous pouvons éprouver à universaliser une maxime de conduite ne s'explique encore que par la tendance *naturelle* de l'esprit à dépasser toute borne particulière, et, d'une manière générale, par la tendance de toute activité à continuer sans fin le mouvement commencé. Si l'on ne fait pas intervenir de considérations empiriques, toute jouissance *morale*, ou même rationnelle, ou même purement *logique*, deviendra non seulement inexplicable, mais impossible *a priori*. On pourra bien encore admettre une *supériorité* de l'ordre de la raison sur celui de la sensibilité et de la nature, mais non un *retentissement* possible de ces deux ordres l'un dans l'autre, retentissement qui est tout *a posteriori*. Pour que la sanction intérieure fût vraiment *morale*, il faudrait qu'elle n'eût rien de sensible ou de *pathologique*, c'est-à-dire précisément rien d'agréable ou de pénible passionnellement ; il faudrait qu'elle fût l'*apathie* des stoïciens, c'est-à-dire une sérénité parfaite, une *ataraxie*, une satisfaction supra-sensible et supra-passionnelle ; il faudrait qu'elle fût, relativement à ce monde, le *nirvâna* des bouddhistes, le complet détachement de tout πάθος ; il faudrait donc qu'elle perdît tout caractère de *sanction sensible.* Une loi supra-sensible ne peut avoir qu'une sanction supra-sensible, conséquemment étrangère à ce qu'on appelle plaisir et douleur naturels ; et cette sanction est aussi indéterminée pour nous que l'ordre supra-sensible lui-même, $x$.

Au fond, la sanction dite *morale* et réellement sensible est un cas particulier de cette loi *naturelle* selon laquelle *tout déploiement de l'activité est accompagné de plaisir.* Ce plaisir diminue, disparaît et laisse place à la souffrance selon les résistances *intérieures* ou *extérieures* que l'activité rencontre. A l'*intérieur* de l'être, l'activité peut rencontrer ces résistances soit dans la nature d'esprit et le *tempérament intellectuel,* soit dans le caractère et le *tempérament moral.* Les aptitudes d'esprit diffèrent évidemment selon les individus ; un poète sera difficilement un bon notaire, et on comprend les souffrances d'Alfred de Musset clerc dans une étude ; un poète d'imagination sera difficilement aussi un mathématicien, et on comprend les protestations de Victor Hugo contre le « chevalet des X et des Y .» Toute intelligence semble avoir un certain nombre de directions où la poussent de préférence des habitudes héréditaires ; lorsqu'elle s'écarte de ces directions, elle souffre. Cette souffrance peut être dans certains cas un véritable déchirement et se rapprocher beaucoup du remords « moral. » Supposons par exemple un artiste qui sent en lui le génie et qui s'est trouvé condamné toute sa vie à un travail manuel ; ce sentiment d'une existence perdue, d'une tâche non remplie, d'un idéal non réalisé, le poursuivra, obsédera sa sensibilité à peu près de la même manière que la conscience d'une défaillance morale. Voici donc un exemple des plaisirs ou des douleurs qui attendent tout déploiement de l'activité dans n'importe quel milieu. Du tempérament intellectuel passons maintenant au tempérament moral ; là encore, nous nous trouvons en présence d'une foule de penchants instinctifs qui produiront la joie ou la douleur selon que la volonté leur obéira ou leur résistera : penchants à l'avarice, à la charité, au vol, à la sociabilité, à la férocité, à la pitié, etc. Ces tendances si diverses peuvent exister dans un même caractère et le tirailler en tous sens ; la joie qu'éprouve l'homme de bien à suivre ses *instincts* sociaux aura donc pour pendant celle que le coupable éprouve à suivre ses *instincts* antisociaux. On sait le mot de ce jeune malfaiteur cité par Maudsley : « Dieu ! que c'est donc bon de voler ! Quand même j'aurais des millions, je voudrais encore être voleur. » Lorsque cette joie de mal faire n'est compensée par aucun regret ni remords postérieur (et c'est ce qui arriverait, suivant les criminalistes, chez les neuf dizièmes des criminels de race), il s'ensuit un renversement complet dans la direction de la conscience, semblable à celui qui se produit dans l'aiguille aimantée ; les instincts mauvais étouffant tous les autres, c'est d'eux ou à peu près que vient la seule sanction *pathologique*. Le jeune voleur dont parle Maudsley, s'il avait manqué une occasion de voler, eût certes souffert intérieurement, il eût eu comme l'esquisse d'un remords.

Le phénomène pathologique désigné sous le nom de sanction intérieure peut donc être considéré comme indifférent en lui-même à la qualité morale des actes. La sensibilité, où se passent les phénomènes de ce genre, n'a nullement la fixité de la raison ; elle appartient au nombre de ces choses « ambiguës et à double usage » dont parle Platon : elle peut favoriser le mal comme le bien. Nos instincts, nos penchants, nos passions ne savent ce qu'ils veulent ; ils ont besoin d'être dirigés par la raison, et la joie ou la souffrance qu'ils peuvent nous occasionner ne vient guère de leur conformité avec la fin que leur propose la *raison*, mais de leur conformité avec la fin vers laquelle ils se tournaient *naturellement* d'eux-mêmes. En d'autres termes, la joie de bien faire et le remords de mal faire ne sont jamais proportionnels en nous au triomphe du bien ou du mal moral, mais à la lutte qu'ils ont eu à soutenir contre les penchants de notre tempérament physique ou psychique.

Si les éléments du remords ou de la joie intérieure, provenant ainsi de la sensibilité, sont généralement variables, il en est un cependant qui présente une certaine fixité et qui peut exister chez tous les esprits élevés : nous voulons parler de cette satisfaction qu'éprouve toujours un individu à se sentir classé parmi les êtres supérieurs, rapproché de son propre idéal, adapté à cet idéal pour ainsi dire ; cette satisfaction correspond à la souffrance intellectuelle de se sentir déchu de son rang et de son espèce, tombé au niveau des êtres inférieurs. Une telle satisfaction, un tel genre de remords intellectuel n'existent guère que chez les esprits philosophiques ; de plus cette sanction, limitée à un petit nombre d'êtres moraux, comporte une certaine antinomie. En effet, la souffrance produite par le contraste entre notre idéal et notre état réel doit être en nous d'autant plus grande que nous avons une plus pleine conscience de l'idéal, car alors nous acquérons une vue plus nette de la distance qui nous en sépare. La susceptibilité de la conscience va donc augmentant à mesure que celle-ci se développe, et la vivacité du remords est une mesure de notre élévation morale. De même que les organismes supérieurs sont toujours plus sensibles à toute espèce de douleur venant du dehors, et qu'en moyenne par exemple un blanc souffre plus dans sa vie qu'un nègre, de même les êtres les mieux organisés moralement sont plus exposés que d'autres à cette souffrance venant du dedans et dont la cause leur est toujours présente : la souffrance de l'idéal non réalisé. Le vrai remords, avec ses raffinements, ses scrupules douloureux, ses tortures intérieures, peut frapper les êtres non en raison inverse, mais en raison directe de leur perfectionnement.

En définitive, la morale vulgaire et même la morale kantienne tendent à faire du remords une *expiation*, un rapport mystérieux et inexplicable entre la volonté morale et la nature ; de même, elles tendent à faire de la satisfaction morale une récompense. Pour nous, nous avons essayé de ramener le remords sensible à une simple *résistance* naturelle des penchants les plus profonds de notre être, et la satisfaction sensible à un sentiment naturel de *facilité*, d'aisance, de liberté que nous éprouvons lorsque nous cédons à ces penchants. S'il y a une sanction supra-sensible, elle doit être, encore une fois, étrangère au *sens* proprement dit, à la passion, au πάθος.

Nous sommes loin de nier pour cela l'utilité pratique de ce qu'on nomme les plaisirs moraux et les souffrances morales. La souffrance, par exemple, si elle ne se justifie pas comme *pénalité*, se justifie fort souvent comme utilité. Le remords acquiert une valeur lorsqu'il peut nous servir à quelque chose, lorsqu'il est la conscience d'une imperfection encore actuelle soit dans ses causes, soit dans ses effets, et dont l'acte passé était simplement le signe ; alors il ne porte pas sur cet acte même, mais sur l'imperfection révélée par l'acte ou sur les conséquences qui se déroulent ; c'est un aiguillon qui sert à nous lancer en avant. A ce point de vue, qui n'est pas proprement celui de la sanction, la souffrance du remords et même toute souffrance en général, toute austérité, acquiert une valeur morale qu'il ne faut pas négliger et que négligent trop souvent les purs utilitaires. On sait l'horreur de Bentham pour tout ce qui lui rappelait le « principe ascétique, » pour tout ce qui lui apparaissait comme le moindre sacrifice d'un plaisir ; il avait tort. La souffrance peut parfois être en morale ce que sont les amers en médecine, un tonique puissant. Le malade lui-même en sent le besoin : celui qui a abusé du plaisir est le premier à désirer la douleur, à la savourer ; c'est par une raison analogue que, après avoir abusé des douceurs, on en arrive à savourer une infusion de quinquina. Le vicieux en vient à haïr non seulement son vice, mais les jouissances mêmes qu'il lui procurait ; il les méprise à tel point que, pour se le montrer à soi-même, il aime à se sentir souffrir. Toute souillure a besoin d'une sorte de mordant pour être effacée ; la douleur peut être ce mordant. Si elle ne peut jamais constituer une *sanction* morale, le mal pathologique et le mal moral étant hétérogènes, elle peut devenir parfois un utile cautère. Sous ce nouvel aspect elle a une valeur médicatrice incontestable ; mais d'abord, pour qu'elle soit vraiment morale, elle doit être consentie, demandée par l'individu même. De plus, il faut se souvenir qu'une médication ne doit pas durer trop longtemps, ni surtout être éternelle. Les religions et la morale classique ont compris ce que vaut la douleur, mais elles en ont abusé ; elles ont fait comme ces chirurgiens si émerveillés des résultats de leurs opérations qu'ils ne demandent plus qu'à couper bras et jambes. « Tailler » ne peut jamais être un but, et la fin dernière doit être de « recoudre. » Le remords ne vaut que pour conduire plus sûrement à une résolution définitivement bonne.

On pourrait considérer le remords sous un double aspect, tantôt comme la constatation douloureuse et relativement *passive* d'un fait (désobéissance à un penchant plus ou moins profond de l'être, déchéance de l'individu par rapport à l'espèce ou à son propre idéal), tantôt comme un effort plus ou moins pénible encore, mais *actif* et énergique, pour sortir de cet état de déchéance. Sous son premier aspect, le remords peut être logiquement et physiquement nécessaire ; mais il ne devient moralement bon que lorsqu'il revêt son second caractère. Le remords est donc d'autant plus moral qu'il ressemble moins à une *sanction* véritable. Il est des tempéraments chez lesquels ces deux caractères du remords sont assez nettement scindés ; il en est qui peuvent éprouver une souffrance très cuisante et parfaitement vaine ; il en est d'autres qui (la raison et la volonté étant chez eux prédominantes) n'ont pas besoin de beaucoup souffrir pour reconnaître qu'ils ont mal fait et s'imposer une réparation ; ces derniers sont supérieurs au point de vue moral, ce qui prouve que la prétendue *sanction* intérieure, ainsi que toutes les autres, ne se justifie que comme un moyen d'*action*.

# CHAPITRE IV

### Critique de la sanction religieuse et métaphysique.

## I

#### SANCTION RELIGIEUSE

Plus nous avançons dans cette critique, plus la sanction proprement dite, c'est-à-dire la « pathologie » morale, nous apparaît comme une sorte de garde-fou, ayant son utilité là seulement où il y a un chemin tracé et quelqu'un qui y marche. Au delà de la vie, dans l'éternel précipice, les garde-fous deviennent tout à fait superflus. Une fois terminée « l'épreuve » de l'existence, il n'y a plus à y revenir, si ce n'est, bien entendu, pour en tirer des expériences et de sages enseignements, au cas où il nous faudrait recommencer de nouvelles épreuves. Telle n'est pas la pensée des principales religions humaines. Les religions, en tant qu'elles commandent une certaine règle de conduite, l'obéissance à certains rites, la foi à tels ou tels dogmes, ont toutes besoin d'une sanction pour confirmer leurs commandements. Elles s'accordent toutes à invoquer la sanction la plus redoutable qui se puisse imaginer : à ceux qui ont violé leurs ordres d'une manière ou d'une autre, elles promettent des peines éternelles et font des menaces qui dépassent ce que l'imagination de l'homme le plus furieux peut rêver d'infliger à son plus mortel ennemi.

Par là, comme sur beaucoup d'autres points, les religions sont en plein désaccord avec l'esprit de notre temps ; mais il est étrange de penser qu'elles sont suivies encore par une foule de philosophes et de métaphysiciens. Se figurant Dieu comme la plus terrible des puissances, on en conclut que, lorsqu'il est irrité, il doit infliger le plus terrible des châtiments. On oublie que Dieu, ce suprême idéal, devrait être tout simplement incapable de faire du mal à personne, à plus forte raison de rendre le mal pour le mal. Précisément parce que Dieu est conçu comme le maximum de puissance, il pourrait n'infliger que le minimum de peine ; car plus est grande la force dont on dispose, moins on a besoin d'en dépenser pour obtenir un effet donné. Comme en outre on voit en lui la suprême bonté, il est impossible de se le représenter infligeant même ce minimum de peine ; il faut bien qu'au moins le « père céleste » ait cette supériorité sur les pères d'ici-bas, de ne point fouetter ses enfants. Enfin, comme il est par hypothèse la souveraine intelligence, nous ne pouvons pas croire qu'il fasse rien sans raison ; or pour quelle raison ferait-il souffrir un coupable ? Dieu est au-dessus de tout outrage et n'a pas à se défendre ; il n'a donc pas à frapper.

Les religions sont toujours portées à se représenter l'homme méchant comme un Titan engageant une lutte contre Dieu même : Jupiter une fois vainqueur, il est tout naturel qu'il prenne désormais ses sûretés et écrase son adversaire sous une montagne. Mais c'est se faire de Dieu une étrange idée que de se figurer qu'il pourrait ainsi lutter matériellement avec les coupables sans perdre de sa majesté et de sa sainteté. Du moment où la « Loi morale » personnifiée entreprend ainsi une lutte physique avec les coupables, elle perd précisément son caractère de loi; elle s'abaisse jusqu'à eux, elle déchoit. Un dieu ne peut pas lutter avec un homme : il s'expose à être terrassé, comme l'ange par Jacob. Ou Dieu, cette loi vivante, est la toute-puissance, et alors nous ne pouvons pas véritablement l'*offenser*, mais aussi il ne doit pas nous *punir;* ou nous pouvons réellement l'offenser, mais alors nous pouvons quelque chose sur lui, il n'est pas la toute-puissance, il n'est pas l'« absolu, » il n'est pas Dieu. Les fondateurs des religions se sont imaginé que la loi la plus sainte devait être la loi la plus forte : c'est absolument le contraire. L'idée de force se résout logiquement dans le rapport d'une puissance à une résistance : toute force physique est donc moralement une faiblesse. Étrange conception et bien anthropomorphique, que de supposer Dieu ayant une geôle ou une « géhenne, » et pour serviteur et geôlier le démon. En somme le démon n'est pas plus responsable de l'enfer que le bourreau ne l'est des instruments de supplice qu'on lui remet entre les mains; il peut se trouver même assez à plaindre de la besogne qu'on lui fait accomplir. La vraie responsabilité passe par-dessus sa tête; il n'est que l'exécuteur des hautes œuvres divines, et un philosophe pourrait soutenir non sans vraisemblance que le vrai démon, ici, c'est Dieu. Si une loi humaine, si une loi civile ne peut se passer de sanction physique, c'est, nous l'avons vu, en tant qu'elle est civile et humaine. Il n'en est pas ainsi de la « loi morale, » qui est supposée ne protéger qu'un principe, et qu'on se représente comme immuable, éternelle, impassible en quelque sorte : on ne peut être *passible* devant une loi *impassible*. La force ne pouvant rien contre elle, elle n'a pas besoin de lui répondre par la force. Celui qui croit avoir renversé la loi morale doit la retrouver toujours debout en face de lui, comme Hercule voyait sans cesse se relever sous son étreinte le géant qu'il s'imaginait avoir terrassé pour jamais. Être éternel, voilà la seule vengeance possible du bien à l'égard de ceux qui le violent.

Si Dieu avait créé des volontés d'une nature assez perverse pour lui être indéfiniment contraires, il serait réduit en face d'elles à l'impuissance, il ne pourrait que les plaindre et se plaindre lui-même de les avoir faites. Son devoir ne serait pas de les frapper, mais d'alléger le plus possible leur malheur, de se montrer d'autant plus doux et meilleur qu'elles seraient pires : les damnés, s'ils étaient vraiment inguérissables, auraient en somme plus besoin des délices du ciel que les élus eux-mêmes. De deux choses l'une : ou les coupables peuvent être ramenés au bien ; alors l'enfer prétendu ne sera pas autre chose qu'une immense école où l'on tâchera de dessiller les yeux de tous les réprouvés et de les faire remonter le plus rapidement au ciel ; ou les coupables sont incorrigibles comme des maniaques inguérissables (ce qui est absurde) ; alors ils seront aussi éternellement à plaindre, et une bonté suprême devra tâcher de compenser leur misère par tous les moyens imaginables, par la somme de tous les bonheurs sensibles. De quelque façon qu'on l'entende, le dogme de l'enfer apparaît ainsi comme le contraire même de la vérité.

Au reste, en *damnant* une âme, c'est-à-dire en la chassant pour jamais de sa présence ou, en termes moins mystiques, en l'excluant pour jamais de la vérité, Dieu s'exclurait lui-même de cette âme, limiterait lui-même sa puissance et, pour tout dire, se damnerait aussi dans une certaine mesure. La peine du *dam* retombe sur celui même qui l'inflige. Quant à la peine du sens, que les théologiens en distinguent, elle est évidemment bien plus insoutenable encore, même si on la prend en un sens métaphorique. Au lieu de damner, Dieu ne peut qu'appeler éternellement à lui ceux qui s'en sont écartés ; c'est surtout pour les coupables qu'il faudrait dire avec Michel-Ange que Dieu ouvre tout grands ses deux bras sur la croix symbolique. Nous nous le représentons comme regardant tout de trop haut pour qu'à ses yeux les réprouvés soient jamais autre chose que des malheureux ; or les malheureux ne doivent-ils pas être, en tant que tels, sinon sous les autres rapports, les préférés de la bonté infinie ?

## II

### SANCTION D'AMOUR ET DE FRATERNITÉ

Jusqu'ici, nous avons considéré comme liés les deux aspects de la sanction : *châtiment* et *récompense ;* mais peut-être est-il possible de les considérer à part l'un de l'autre. Certains philosophes, par exemple, semblent disposés à rejeter la récompense proprement dite et le droit à la récompense, pour n'admettre comme légitime que le châtiment.

1. « Nous admettons sans hésiter la maxime stoïcienne : La vertu est à elle-même sa propre récompense... Concevrait-on un triangle géométrique qui, par hypothèse, serait doué de conscience et de liberté, et qui, ayant réussi à dégager sa pure essence du conflit des causes matérielles qui tendent de toutes parts à violenter sa nature, aurait en outre besoin de recevoir des choses extérieures un prix pour s'être affranchi de leur empire? » (M. P. Janet, *La morale*, 590.)

Cette première position est, croyons-nous, la plus difficile que l'on puisse prendre dans l'examen de la question. — Il en est une seconde, tout opposée, où un autre philosophe s'est placé, et que nous devons examiner pour être complet : rejeter tout à fait le châtiment, s'efforcer pourtant de maintenir un rapport rationnel entre le mérite et le bonheur [1].

Cette doctrine renonce à l'idée kantienne qui fait du mérite la conformité à une loi toute formelle. L'univers est représenté comme une immense société, où tout devoir est toujours un devoir envers quelqu'un d'actif, de vivant. Dans cette société, « celui qui aime doit être aimé ; » quoi de plus naturel ? Dire que l'homme vertueux mérite le bonheur, « c'est dire que toute bonne volonté lui veut du bien en retour du bien qu'il a voulu. » Le rapport du mérite au bonheur devient alors « un rapport de volonté à volonté, de personne à personne, un rapport de reconnaissance et conséquemment de fraternité et d'amour moral [2]. » Ainsi, dans l'idée de retour et de reconnaissance, on trouverait le lien cherché entre la bonne action et le bonheur. L'*amabilité*, tel serait le principe nouveau de la sanction, principe qui, tout en excluant le châtiment, suffirait à justifier une sorte de récompense, non matérielle, mais morale. Remarquons-le, cette sanction n'est pas valable pour un être que, par hypothèse, on considérerait comme absolument solitaire ; mais, suivant la doctrine que nous examinons, il n'existe nulle part d'être semblable ; on ne peut pas sortir de la société parce qu'on ne peut pas sortir de l'univers : la loi morale n'est donc au fond qu'une loi so-

---

1. M. Fouillée, *La liberté et le déterminisme.*
2. *Ibid.*

ciale, et ce que nous avons dit des rapports actuels entre les hommes vaut aussi pour les rapports idéaux de tous les êtres les uns avec les autres. A ce point de vue, la récompense devient une sorte de « réponse » d'amour ; toute bonne action ressemble à un « appel » adressé à tous les êtres du vaste univers ; il paraît illégitime que cet appel ne soit pas entendu et que l'amour, infécond, ne produise pas la reconnaissance : l'amour suppose la mutualité de l'amour, conséquemment la coopération et le concours, conséquemment la satisfaction de la volonté et le bonheur. Quant au malheur sensible d'un être, il s'expliquerait, dans cette doctrine, par la présence de quelque volonté aveugle s'élevant contre lui du sein de la nature, du sein de la société universelle. Or si, par hypothèse, un être est vraiment aimant, il deviendra aimable non seulement aux yeux des hommes, mais aux yeux de toutes les volontés élémentaires qui constituent la nature ; il acquerra ainsi une sorte de droit idéal à être respecté et aidé par elles, conséquemment à être heureux par elles. On peut considérer tous les maux sensibles, — souffrances, maladies, mort — comme provenant d'une sorte de guerre et de haine aveugle des volontés inférieures ; lorsque cette haine prend pour victime l'amour même, nous nous en indignons, et quoi de plus juste ? Si l'amour d'autrui ne doit être payé qu'avec de l'amour, nous avons du moins la conscience qu'il doit l'être avec celui de la nature tout entière, non pas seulement avec celui de tel ou tel individu ; cet amour de la nature, ainsi universalisé, deviendra pour celui qui en est l'objet le bonheur, y compris même le bonheur sensible : le lien entre la bonne volonté et le bonheur, que nous voulions briser, sera de nouveau rétabli.

Cette hypothèse, nous en convenons, est la seule et dernière ressource pour justifier métaphysiquement le sentiment empirique d'indignation que produit en nous le mal sensible, lorsqu'il accompagne la bonne volonté. Seulement remarquons bien ce qu'enveloppe l'hypothèse. Il faut en venir, dans cette doctrine, à admettre sans preuve que toutes les volontés qui constituent la nature sont d'essence et de direction analogues, de manière à converger vers le même point. Si le bien que poursuit, par exemple une société de loups, était dans le fond des choses aussi différent du bien poursuivi par la société humaine qu'il semble l'être en apparence, la bonté d'un homme n'aurait rationnellement rien de respectable pour celle d'un loup, ni celle d'un loup pour un homme. Il faut donc compléter l'hypothèse précédente par cette autre, bien séduisante et bien hasardeuse, que nous avons ailleurs exprimée nous-même comme possible : « A l'évolution extérieure, dont les formes sont si variables, ne correspondrait-il pas une tendance, une aspiration intérieure éternellement la même et travaillant tous les êtres? N'y aurait-il pas en eux une connexion de tendances et d'efforts analogue à la connexion anatomique signalée par Geoffroy Saint-Hilaire dans les organismes [1]? »

Selon cette doctrine, l'idée de sanction vient se fondre dans l'idée plus morale de « *coopération;* » celui qui fait le bien universel travaille à une œuvre si grande qu'il a idéalement droit au concours de tous les êtres, membres du même tout, depuis la première monère jusqu'à la cellule cérébrale de l'organisme le plus élevé. Celui qui fait le mal, au contraire, devrait recevoir de tous un « refus de con-

---

1. Voy. notre *Morale anglaise contemporaine*, p. 370, et M. Fouillée, *la Science sociale contemporaine*, livre V.

cours, » qui serait une sorte de punition négative; il se trouverait moralement isolé, tandis que l'autre serait en communion avec l'univers.

Ainsi restreinte, épurée, sauvée par la métaphysique, cette idée d'une harmonie finale entre le bien moral et le bonheur devient assurément admissible. Mais, en premier lieu, ce n'est plus vraiment la sanction d'une *loi* formelle : tout ce qui restait des idées de loi proprement nécessaire ou impérative, de sanction également nécessaire a disparu. Ce n'est plus même la loi formelle de Kant, ni le jugement synthétique *à priori* par lequel la légalité serait unie à la félicité comme récompense; en un mot, ce n'est plus un régime de *législation*, conséquemment de vraie *sanction*. Nous pouvons même dire qu'on nous transporte ici dans une région supérieure à celle de la *justice* proprement dite : c'est la région de la *fraternité*. Ce n'est plus la justice commutative, car l'idée de fraternité exclut celle d'un échange mathématique, d'une balance de services exactement mesurables et égaux sous le rapport de la quantité : la bonne volonté ne mesure pas son retour à ce qu'elle a reçu ; elle rend deux et même dix pour un. Ce n'est même plus de la justice distributive au sens propre, car l'idée d'une distribution exacte, même *morale*, n'est plus celle de la fraternité. L'enfant prodigue pourra être fêté plus que l'enfant sage. On pourra aimer un coupable, et le coupable aura peut-être plus besoin que tout autre d'être aimé. J'ai deux mains, l'une pour serrer la main de ceux avec qui je marche dans la vie, l'autre pour relever ceux qui tombent. Je pourrai même, à ceux-ci, tendre les deux mains ensemble. Ainsi, dans cette sphère, les rapports purement *rationnels*, les harmonies purement intellectuelles, à plus forte raison les rapports légaux semblent s'évanouir ; par cela même s'évanouit le rapport vraiment rationnel, *logique* et même *quantitatif*, qui relierait la bonne volonté à une proportion déterminée de bien extérieur et d'amour intérieur. De là résulte une sorte d'antinomie : l'amour est ou une grâce particulière et une élection qui ne ressemble guère à une sanction, ou une sorte de grâce générale et une égalité idéale étendue à tous les êtres, qui ne ressemble pas davantage à une sanction. Si j'aime plus un homme qu'un autre, il n'est pas certain que mon amour soit en raison directe de son mérite, et si j'aime tous les hommes dans leur humanité, si je les aime universellement, également, la proportion semble disparaître encore entre le mérite et l'amour. D'ailleurs les « bonnes volontés » elles-mêmes ne voudraient pas sans doute, dans l'idéale justice, être l'objet d'aucune marque de préférence ; les victimes volontaires de l'amour n'accepteraient pas d'être placées en rien avant les autres lors d'une redistribution quelconque des biens sensibles. Elles objecteraient qu'après tout la souffrance volontaire est moins à plaindre que la souffrance imposée : pour qui admet la supériorité de l'idéal sur la réalité, l'homme de bien est le riche, même quand cette richesse supra-sensible a présenté pour lui des inconvénients et des peines sensibles.

Telles sont les difficultés que soulève, croyons-nous, cette théorie. Ces difficultés ne sont peut-être pas insolubles, mais leur solution sera à coup sûr une modification profonde apportée à l'idée traditionnelle de sanction ; car, pour ce qui est de la peine, le châtiment aura disparu ; et, pour ce qui est de la récompense, la compensation de pure justice semblera s'évanouir dans des relations supérieures de fraternité, échappant à des déterminations précises. D'une part, le mal sensible (y compris la mort) nous indigne toujours moralement, quel que soit le caractère bon ou mauvais de la volonté qu'il vient entraver ; la souffrance nous choque en elle-même et indépendamment de son point d'application : une distribution de souffrance est donc moralement inintelligible. D'autre part, en ce qui concerne le bonheur, nous voulons que tous soient heureux. Ces notions apportent un grand trouble dans la *balance* de la sanction. La proportionnalité, la rationalité, la loi, νόμος (de νέμω), ne sont applicables qu'à des relations d'ordre et d'utilité sociale, de défense et d'échange, de commutation et de distribution mathématiques. La sanction proprement dite est donc une idée tout humaine.

En somme, les utilitaires et les kantiens, placés aux deux pôles opposés de la morale, sont pourtant victimes de la même erreur. L'utilitaire, qui sacrifie si peu que ce soit de son existence par l'espoir de voir un jour ce sacrifice lui rapporter quelque chose dans l'au delà de la vie, fait un calcul irrationnel à son point de vue : car, dans l'absolu, il ne lui est dû pour son dévouement intéressé rien de plus qu'il ne lui serait dû pour une mauvaise action intéressée. D'autre part, le kantien qui se sacrifie les yeux fermés pour la loi seule, sans rien calculer, sans rien demander, n'a pas non plus de *droit* véritable à une compensation, à une indemnité : il est rationnel que, quand on ne vise pas à un but, on y renonce, et le kantien ne vise pas au bonheur. Nous objectera-t-on que, si la loi morale nous oblige, elle est elle-même tenue à quelque chose envers nous ? dira-t-on qu'il peut y avoir un « recours de l'agent contre la loi ? » que si, par exemple, la loi exige sans compensation l'anéantissement du moi, elle est la suprême cruauté ; « une loi cruelle est-elle juste[1] ? » — Nous répondrons qu'il faut distinguer ici entre deux choses : les circonstances fatales de la vie et la loi qui règle notre conduite dans ces circonstances. Les conjonctures fatales de la vie peuvent être cruelles ; accusez-en la nature ; mais une loi ne peut jamais apparaître comme *cruelle* à celui qui croit à sa *légitimité*. Celui qui considère toute souillure comme un crime ne peut pas trouver cruel de rester chaste. Pour qui croit en une « loi morale, » il est impossible de juger cette loi en se plaçant à un point de vue humain, puisqu'elle est par hypothèse inconditionnelle, irresponsable, et est censée nous parler du fond de l'absolu. Elle ne fait pas avec nous un contrat où nous puissions débattre tranquillement les clauses, mettre en balance les avantages et les inconvénients.

Au fond — même dans la morale kantienne — la sanction n'est qu'un suprême expédient pour justifier rationnellement et *matériellement* la loi *formelle* de sacrifice, la loi morale. On ajoute la sanction à la loi pour la légitimer[2].

1. M. Janet, *la Morale*, p. 582.
2. Cette pétition de principe, déguisée sous le nom de *postulat*, est bien plus sensible encore dans les systèmes de morale qui essayent de tenir plus ouvertement le milieu entre l'utilitarisme égoïste et le désintéressement absolu du stoïcisme. De ce nombre semblent être la morale de M. Renouvier en France et celle de M. Sidgwick en Angleterre. « *La raison*, dit M. Renouvier (avec lequel le moraliste anglais est sur ce point entièrement d'accord) *n'a de prix* et ne se fait *reconnaître* qu'autant qu'elle est supposée être conforme à la cause finale, principe des *passions*, au *bonheur*... Le postulat d'une conformité finale de la loi morale avec le bonheur... est l'induction, l'hypothèse propre de la morale... Refuse-t-on ce postulat?... l'agent moral pourra opposer à l'obligation de justice une autre *obligation*, celle de sa conservation propre, et au devoir l'intérêt tel qu'il se le représente... Au nom de *quoi* lui enjoindrons-nous d'opter pour le devoir? » (*Science de la morale*, t. I, p. 17). M. Renouvier, esprit très sinueux et circonspect, essaye bien ensuite de diminuer la portée de cet aveu par une distinction sco-

La doctrine des kantiens, poussée à ses dernières conséquences, devrait plutôt aboutir logiquement à une complète antinomie entre le pur « mérite *moral* » et l'idée d'une récompense ou même d'une espérance *sensible* quelconque ; elle devrait pouvoir se résumer dans cette pensée d'une femme d'Orient que nous rapporte le sire de Joinville :

lastique. La sanction, dit-il, est moins un postulat de la morale qu'un *postulat des passions*, « nécessaire pour les légitimer et les faire entrer dans la science. » Par malheur, il vient de reconnaître qu'il ne peut pas y avoir de science de la morale indépendamment des passions, et que l'*obligation* de l'intérêt est une puissance *logiquement* équivalente à l'obligation morale. Si les passions postulent une sanction, d'autre part la morale postule les passions : c'est un cercle. Dans la morale ainsi conçue, le devoir se trouve, du moins au point de vue logique, mis sur un pied d'égalité avec l'intérêt : on place Bentham et Kant l'un en face de l'autre, on reconnaît qu'ils ont tous deux raison, et on s'arrange de manière à leur faire vouloir les mêmes objets au nom de principes contraires. La sanction sert de terrain d'accord, et le rémunérateur suprême, de juge de paix. Nous n'avons point à apprécier ici la valeur de ces systèmes de morale. Constatons seulement que le formalisme de Kant y a disparu ; que « l'obligation de faire son devoir *uniquement par devoir* » n'y existe plus et est considérée comme un pur paradoxe (*Science de la morale*, I, 178); que la sanction n'est plus une *conséquence* du devoir, mais simplement une *condition* ; alors cette idée change entièrement d'aspect; le châtiment et la récompense ne sont plus considérés comme rattachés à la conduite *morale* par un jugement synthétique *à priori*, mais ils sont demandés d'avance par les agents pour justifier au point de vue sensible le commandement de la « loi. » L'acte moral ne constitue plus lui-même et lui seul un droit au bonheur ; mais tout être sensible est regardé comme pouvant naturellement espérer le bonheur et comme ne voulant pas y renoncer dans l'acte moral. MM. Renouvier et Sidgwick, cessant de soutenir que le devoir *mérite* une récompense, disent simplement que l'agent moral, s'attendant à une récompense, serait *dupé* s'il n'était récompensé un jour ; ils invoquent pour ainsi dire comme seul argument la *véracité* du désir, de même que Descartes invoquait la véracité de Dieu ; mais l'une et l'autre peuvent être suspectées à bon droit par toute morale vraiment scientifique.

« Yves, frère prêcheur, vit un jour à Damas une vieille femme qui portait à la main droite une écuelle de feu, et à la gauche une fiole pleine d'eau. Yves lui demanda : « Que veux-tu faire de cela ? » Elle lui répondit qu'elle voulait avec le feu brûler le paradis, et avec l'eau éteindre l'enfer. Et il lui demanda : « Pourquoi veux-tu faire cela ? — Parce que je ne veux pas que nul fasse jamais le bien pour avoir la récompense du paradis, ni par peur de l'enfer, mais simplement par amour de Dieu. »

Une chose paraîtrait concilier tout : ce serait de démontrer que la vertu enveloppe analytiquement le bonheur ; que choisir entre elle et le plaisir, c'est encore choisir entre deux joies, l'une inférieure, l'autre supérieure. Les stoïciens le croyaient, Stuart Mill aussi et Épicure lui-même. Cette hypothèse peut se vérifier sans doute pour un petit nombre d'âmes élevées, mais sa complète réalisation n'est vraiment pas « de ce monde » : la vertu n'est point ici-bas à elle-même une *parfaite* récompense sensible, une *pleine* compensation (*præmium ipsa virtus*). Il y a peu de chances pour qu'un soldat qui tombe frappé d'une balle aux avant-postes éprouve, dans le *sentiment* du devoir rempli, une somme de *jouissance* équivalente au bonheur d'une vie entière. Reconnaissons-le donc, la vertu n'est pas le bonheur sensible. Bien plus, il n'y a pas de raison *naturelle* et il n'y a pas non plus de raison purement *morale* pour qu'elle le redevienne plus tard. Aussi, lorsque certaines alternatives se posent, l'être moral a le sentiment d'être saisi dans un engrenage : il est lié, il est captif du « devoir ; » il ne peut se dégager et n'a plus qu'à attendre le mouvement du grand mécanisme social ou naturel qui doit le broyer. Il s'abandonne, en regrettant peut-être d'avoir été la victime choisie. La nécessité du sacrifice, dans bien des cas, est un mauvais numéro ; on le tire pourtant, on le place sur son front, non sans quelque fierté, et on part. Le devoir à l'état aigu fait partie des événements tragiques qui fondent sur la vie ; il est des existences qui y ont presque échappé : on les considère généralement comme heureuses.

Si le devoir peut ainsi faire de réelles victimes, ces victimes acquièrent-elles des titres *exceptionnels* à une compensation sensible, des titres au bonheur sensible supérieurs à celui des autres malheureux, des autres martyrs de la vie? Il ne le semble pas. *Toute* souffrance, *involontaire* ou *voulue*, nous apparaît toujours comme appelant une compensation idéale, et cela uniquement parce qu'elle est une *souffrance*. Compensation, c'est-à-dire balancement, est un mot qui indique un rapport tout logique et sensible, nullement moral. De même pour les mots de récompense et de peine, qui ont le même sens. Ce sont des termes de la langue passionnelle transportés mal à propos dans la langue morale. La compensation idéale des biens et des maux sensibles est tout ce qu'on peut retenir des idées vulgaires sur le châtiment et la récompense. Il faut se rappeler que la Némésis antique ne châtiait pas seulement les méchants, mais aussi les heureux de la vie, ceux qui avaient eu plus que leur part de jouissance. De même le christianisme, dans les temps primitifs, considérait les pauvres, les infirmes d'esprit ou de corps, comme ceux qui avaient le plus de chance d'être un jour les élus. L'homme riche de l'Évangile est menacé de l'enfer sans autre raison apparente que sa richesse même. Les premiers seront les derniers. Aujourd'hui encore, ce mouvement de bascule dans la grande machine du monde nous paraît désirable. L'idéal semblerait l'égalité absolue de bonheur entre tous les êtres, quels qu'ils fussent; la vie, au contraire, est une consécration perpétuelle de l'inégalité ; la majeure partie des êtres vivants, bons ou mauvais, pourrait donc prétendre dans l'idéal à une réparation, à une sorte de balance des joies, à un nivellement universel. Il faudrait aplanir l'océan des choses. Que cela ait jamais lieu, aucune induction tirée de la nature ne peut le faire supposer, tout au contraire ; et, d'autre part, d'aucun système moral on ne peut tirer, par une déduction rigoureuse, la reconnaissance d'un véritable droit *moral* à une telle compensation de la peine *sensible*. Cette compensation, *désirée* par la sensibilité, n'est nullement *exigée* par la raison ; elle est tout à fait douteuse pour la science, peut-être même impossible.

# LIVRE QUATRIÈME

DERNIERS ÉQUIVALENTS POSSIBLES DU DEVOIR

# LIVRE QUATRIÈME

DERNIERS ÉQUIVALENTS POSSIBLES DU DEVOIR

## CHAPITRE PREMIER

Équivalent du devoir tiré des plaisirs du risque
et de la lutte.

### I

#### LE PROBLÈME

Rappelons le problème capital qui se pose devant toute morale exclusivement scientifique : Jusqu'où la conscience réfléchie peut-elle se sentir liée par une impulsion, par une pression intérieure qui n'a en définitive qu'un caractère naturel, nullement *mystique* ni même *métaphysique*, et qui n'est complétée par la perspective d'aucune sanction extra-sociale? Dans quelle mesure la conscience réfléchie doit-elle rationnellement obéir à une « obligation » de ce genre?

Une morale positive et scientifique, avons-nous dit, ne peut faire à l'individu que ce commandement: Développe ta vie dans toutes les directions, sois un *individu* aussi riche que possible en énergie intensive et extensive ; pour cela, sois l'être le plus *social* et le plus *sociable*. — Au nom de cette règle générale, qui est l'équivalent scientifique de l'*impératif*, une morale positive peut prescrire à l'individu certains sacrifices partiels et mesurés, elle peut formuler toute la série des devoirs moyens entre lesquels se trouve renfermée la vie ordinaire. En tout cela, bien entendu, rien de catégorique, d'absolu, mais d'excellents conseils hypothétiques : *si* tu poursuis ce but, la plus haute intensité de vie, fais cela ; en somme, c'est une bonne morale moyenne.

Comment cette morale s'y prendra-t-elle pour obtenir de l'individu, en certains cas, un sacrifice définitif, non plus seulement partiel et provisoire ? La charité nous pousse à oublier ce qu'a donné notre main droite, rien de mieux ; mais la raison nous conseille de bien surveiller ce qu'elle donne. Les instincts altruistes, invoqués par l'école anglaise, sont susceptibles de toute sorte de restrictions et d'altérations ; s'appuyer seulement sur eux pour demander le désintéressement, c'est introduire une sorte de lutte entre eux et les penchants égoïstes ; or, les derniers sont sûrs de l'emporter chez le plus grand nombre, parce qu'ils ont une racine visible et tangible, tandis que les autres apparaissent pour la raison individuelle comme le résultat d'influences héréditaires par lesquelles la race cherche à duper l'individu. Le raisonnement égoïste est toujours prêt à intervenir pour paralyser les premiers mouvements spontanés de l'instinct social.

Le rôle des centres nerveux supérieurs est, en effet, de modérer l'action des centres inférieurs, de régler les mouvements instinctifs. Si je marche sur un sentier de montagne avec un abîme à côté de moi, et qu'un bruit ou une crainte soudaine me fasse tressaillir, la simple action réflexe me portera à me rejeter de côté ; mais alors la raison modérera mon mouvement en m'avertissant qu'il y a un précipice près de moi. L'hédoniste se trouve dans une situation un peu analogue quand il s'agit de se jeter en aveugle dans quelque dévouement : le rôle de la raison est de lui montrer l'abîme, d'empêcher qu'il ne s'y lance à la légère sous l'impulsion du premier mouvement instinctif ; et l' « action inhibitrice » de la raison sera dans ce cas aussi logique, aussi puissante à l'égard des penchants altruistes qu'elle peut l'être à l'égard de la simple action réflexe. C'est ce que nous avons objecté ailleurs à l'école anglaise.

Le moi et le non-moi sont donc en présence. Ils semblent, en fait, deux valeurs sans commune mesure ; il y a dans le moi quelque chose de *sui generis*, d'irréductible. Si le monde est, pour l'hédoniste, quantitativement supérieur à son moi, son moi doit lui paraître toujours qualitativement supérieur au monde, la qualité étant pour lui dans la jouissance. « Je suis, dit-il, et vous n'êtes *pour moi* qu'en tant que j'existe et que je maintiens mon existence : tel est le principe qui domine à la fois la raison et les sens. » Aussi longtemps donc qu'on s'en tient à l'hédonisme, on ne peut logiquement être obligé à se désintéresser de soi. Or, l'hédonisme, en son principe fondamental, qui est la conservation obstinée du *moi*, est irréfutable du point de vue des faits. Seule, l'hypothèse métaphysique peut tenter de faire franchir à la volonté le passage du moi au non-moi. Au point de vue positif, et abstraction faite de toute hypothèse, le problème que nous avons posé tout à l'heure semble, au premier abord, théoriquement insoluble.

Et pourtant ce problème peut recevoir une solution au moins approximative dans la pratique.

## II

### ÉQUIVALENT TIRÉ DU PLAISIR DU RISQUE ET DE LA LUTTE.

Il est rare que les sacrifices définitifs se présentent dans la vie comme *certains ;* le soldat, par exemple, n'est pas certain, loin de là, de tomber dans la mêlée ; il n'y a ici qu'une simple possibilité. En d'autres termes, il y a *danger*. Or, il faut voir si le danger, même indépendamment de toute idée d'obligation morale, n'est pas un milieu utile au développement de la vie même, un excitant puissant de toutes les facultés, capable de les porter à leur maximum d'énergie et capable aussi de produire un maximum de plaisir.

L'humanité primitive a vécu au milieu du danger ; il doit donc se retrouver encore aujourd'hui chez beaucoup d'hommes une prédisposition naturelle à l'affronter. Le danger était pour ainsi dire le jeu des hommes primitifs, comme le jeu est aujourd'hui pour beaucoup de gens une sorte de simulacre du danger. Ce goût du péril, affronté pour lui-même, se rencontre jusque chez les animaux. Nous trouvons à ce sujet un récit curieux d'un voyageur au Cambodge : « Une troupe de singes vient-elle à apercevoir un crocodile le corps enfoncé dans l'eau, la gueule grande ouverte afin de saisir ce qui passera à sa portée, ils semblent se concerter, s'approchent peu à peu et commencent leur jeu, tour à tour acteurs et spectateurs. Un des plus agiles ou des plus imprudents arrive de branche en branche jusqu'à une distance respectueuse du crocodile, se suspend par une patte, et, avec la dextérité de sa race, s'avance, se retire, tantôt allongeant un coup de patte à son adversaire, tantôt feignant seulement de le frapper. D'autres, amusés par ce jeu, veulent se mettre de la partie ; mais, les autres branches étant trop élevées, ils forment la chaîne en se tenant les uns et les autres suspendus par les pattes ; ils se balancent ainsi, tandis que celui qui se trouve le plus rapproché de l'animal amphibie le tourmente de son mieux. Parfois la terrible mâchoire se referme, mais sans saisir l'audacieux singe : ce sont alors des cris de joie et des gambades ; mais parfois aussi une patte est saisie dans l'étau et le voltigeur entraîné sous les eaux avec la promptitude de l'éclair. Toute la troupe se disperse alors en poussant des cris et des gémissements ; ce qui ne les empêche pas de recommencer le même jeu quelques jours, peut-être même quelques heures après[1]. »

Le plaisir du danger tient surtout au plaisir de la victoire. On aime à vaincre même n'importe qui, même un animal. On aime à se prouver à soi-même sa supériorité. Un Anglais qui vint en Afrique dans le seul but de chasser, Baldwin, se posa un jour ce problème, après avoir failli être terrassé par un lion : — Pourquoi l'homme risque-t-il sa vie sans y avoir aucun intérêt ? « C'est une question que je n'essayerai pas de résoudre, répond-il. Tout ce que je peux dire, c'est qu'on trouve dans la victoire une satisfaction intérieure qui vaut la peine de courir tous les risques, alors même qu'il n'y a personne pour y applaudir. » Bien plus, même après avoir perdu l'espoir de vaincre, on s'opiniâtre

---

1. Mouhot, *Voyage dans les royaumes de Siam et de Cambodge.*

dans la lutte. Quel que soit l'adversaire, tout combat dégénère en duel acharné. Bombonnel, ayant roulé avec une panthère jusqu'au bord d'un ravin, retire sa tête de la gueule ouverte de l'animal et, par un prodigieux effort, le lance dans le ravin. Il se relève, aveuglé, crachant une masse de sang, ne se rendant pas bien compte de sa situation ; il ne pense qu'une chose, c'est qu'il doit probablement mourir de ses blessures et qu'avant de mourir il veut se venger de la panthère. « Je ne songe pas à mon mal. Tout entier à la fureur qui me transporte, je tire mon couteau de chasse, et ne sachant pas ce que la bête est devenue, je la cherche de tous côtés pour recommencer la lutte. C'est dans cette position que les Arabes me trouvèrent en arrivant. »

Ce besoin du danger et de la victoire qui entraîne le guerrier et le chasseur, on le retrouve chez le voyageur, chez le colon, chez l'ingénieur. Une fabrique française de dynamite envoya récemment un ingénieur à Panama, il mourut en arrivant. Un autre ingénieur partit, arriva à bon port, puis mourut huit jours après. Un troisième s'est embarqué aussitôt. La plupart des professions, comme celle des médecins, fourniraient une foule d'exemples du même genre. L'attrait invincible de la mer est fait en grande partie du danger constant qu'elle présente. Elle tente successivement toutes les générations qui naissent sur ses bords, et si le peuple anglais a acquis une intensité de vie et une force d'expansion telle qu'il s'est répandu sur le monde entier, on peut dire qu'il le doit à son éducation par la mer, c'est-à-dire à son éducation par le danger.

Remarquons-le, le plaisir de la lutte se transforme sans disparaître, qu'il s'agisse de la lutte contre un être animé (guerre et chasse), ou de la lutte contre des obstacles visibles (mer, montagne), ou de la lutte contre des choses invisibles (maladies à guérir, difficultés de tout genre à vaincre). Toujours la lutte revêt le même caractère de duel passionné. En vérité, le médecin qui part pour le Sénégal est décidé à une sorte de duel avec la fièvre jaune. La lutte passe du domaine des choses physiques dans le domaine intellectuel, sans rien perdre de son ardeur et de sa griserie. Elle peut passer aussi dans le domaine proprement moral : il y a une lutte intérieure de la volonté contre les passions aussi captivante que toute autre, et où la victoire produit une joie infinie, bien comprise par notre Corneille.

En somme, l'homme a besoin de se sentir grand, d'avoir par instants conscience de la sublimité de sa volonté. Cette conscience, il l'acquiert dans la lutte : lutte contre soi et contre ses passions, ou contre des obstacles matériels et intellectuels. Or, cette lutte, pour satisfaire la raison, doit avoir un but. L'homme est un être trop rationnel pour approuver pleinement les singes du Cambodge jouant par plaisir avec la gueule des crocodiles, ou l'Anglais Baldwin gagnant pour chasser le centre de l'Afrique ; l'ivresse du danger existe par moments en chacun de nous, même chez les plus timides, mais cet instinct du danger demande à être plus raisonnablement mis en œuvre. Quoique, dans bien des cas, il n'y ait qu'une différence superficielle entre la témérité et le courage, celui qui tombe par exemple pour sa patrie a conscience de ne pas avoir rempli une œuvre vaine. Le besoin du danger et de la lutte, à condition d'être ainsi dirigé et utilisé par la raison, acquiert une importance morale d'autant plus grande que c'est l'un des rares instincts qui n'ont pas de direction fixe : il peut être employé sans résistance à toutes les fins sociales.

Il y avait donc dans le pari de Pascal un élément qu'il n'a pas mis en lumière. Il n'a guère vu que la crainte du risque, il n'a pas vu le plaisir du risque.

Pour bien comprendre l'attrait du risque, même lorsque les chances de malheur sont très nombreuses, on peut invoquer plusieurs considérations psychologiques :

1° Il ne faut pas, dans le calcul, faire entrer en ligne de compte seulement les chances bonnes et les chances mauvaises, mais encore le plaisir de courir ces chances, de s'aventurer ;

2° Une douleur simplement *possible* et lointaine, surtout lorsqu'elle n'a encore jamais été éprouvée, correspond à un état tout autre que celui où nous sommes actuellement, tandis qu'un plaisir *désiré* est plus en harmonie avec notre état présent et acquiert ainsi pour l'imagination une valeur considérable. Autant le *souvenir* d'une douleur peut être pénible pour certains caractères, autant la *possibilité* vague et indéterminée d'une douleur peut les laisser indifférents ; aussi est-il rare — surtout dans la jeunesse, cet âge optimiste par excellence — qu'une chance de peine nous paraisse équivalente à une chance de grand plaisir. C'est ce qui explique par exemple la hardiesse qu'ont montrée de tous temps les amants à affronter toute espèce de péril pour se rejoindre. On retrouve cette hardiesse jusque chez les animaux. La peine, vue de loin, surtout lorsqu'elle n'a pas été expérimentée déjà à plusieurs reprises, nous semble en général négative et abstraite, le plaisir, positif et palpable. En outre, toutes les fois que le plaisir correspond à un besoin, la représentation de la jouissance future est accompagnée de la sensation d'une peine actuelle : la jouissance apparaît alors non pas seulement comme une sorte de superflu, mais comme la cessation d'une réelle douleur, et son prix s'augmente encore.

Ces lois psychologiques sont la condition même de la vie et de l'activité. Comme la plupart des actions comportent à la fois une chance de peine et une chance de plaisir, c'est l'abstention qui, au point de vue purement mathématique, devrait l'emporter le plus souvent, mais c'est l'action et l'espoir qui, en fait, l'emportent; d'autant plus que l'action elle-même est le fond du plaisir.

3° Autre fait psychologique : celui qui a échappé vingt fois à un danger, par exemple à une balle de fusil, en conclut qu'il continuera d'y échapper. Il se produit ainsi une accoutumance au danger que le calcul des probabilités ne saurait justifier, et qui entre pourtant comme élément dans la bravoure des vétérans. De plus, l'accoutumance au danger produit une accoutumance à la mort même, une sorte de familiarité admirable avec cette voisine qui a été, comme on dit, « vue de près [1]. »

Au plaisir du risque s'ajoute souvent celui de la *responsabilité*. On aime à répondre non seulement de sa propre destinée, mais de celle des autres ; à mener le monde pour sa part. Cette ivresse du danger mêlée à la joie du commandement, cette intensité de vie physique et intellectuelle exagérée par la présence même de la mort, a été exprimée avec une sauvagerie mystique par un maréchal allemand, de Manteuffel, dans un discours prononcé en Alsace-Lorraine : « La guerre! Oui, messieurs. Je suis soldat : la guerre est l'élément du soldat, et j'aimerais bien à en goûter. Ce sentiment élevé de commander dans une bataille,

[1]. Même au fond de la plupart des criminels on retrouve un instinct précieux au point de vue social et qu'il faudrait utiliser : l'instinct d'aventure. Cet instinct pourrait trouver son emploi aux colonies, dans le retour à la vie sauvage.

de savoir que la balle de l'ennemi peut vous appeler à chaque instant devant le tribunal de Dieu, de savoir que le sort de la bataille, et par conséquent les destinées de la Patrie, peuvent dépendre des ordres que l'on donne : cette tension des sentiments et de l'esprit est divinement grande ! »

Le plaisir du danger ou du risque, plus ou moins dégénéré, a son rôle dans une foule de circonstances sociales. Il a une importance considérable dans la sphère économique. Les capitalistes qui risquaient leurs économies dans l'entreprise du canal de Suez imitaient à leur façon les ingénieurs qui y risquaient leur vie. La spéculation a ses dangers, et ce sont ces dangers mêmes qui en font l'entraînement. Le simple commerce du boutiquier du coin de la rue comporte encore un certain nombre de risques : si on compare le nombre des faillites au nombre des établissements, on verra que ce risque a son importance. Aussi le danger, diminué et dégradé à l'infini, depuis le danger de perdre la vie jusqu'au danger de perdre son argent, reste un des traits importants de l'existence sociale. Pas un mouvement dans le corps social qui n'implique un risque. Et la hardiesse raisonnée à courir ce risque s'identifie, à un certain point de vue, avec l'instinct même du progrès, avec le libéralisme, tandis que la crainte du danger s'identifie avec l'instinct conservateur, qui est en somme destiné à être toujours battu, tant que le monde vivra et marchera.

Il n'y a donc, dans le danger couru pour l'intérêt de quelqu'un (le mien ou celui d'autrui), rien de contraire aux instincts profonds et aux lois de la vie. Loin de là, s'exposer au danger est quelque chose de normal chez un individu bien constitué moralement ; s'y exposer pour autrui, ce n'est que faire un pas de plus dans la même voie. *Le dévouement rentre par ce côté dans les lois générales de la vie,* auquel il paraissait tout d'abord échapper entièrement. Le péril affronté pour soi ou pour autrui — intrépidité ou dévouement — n'est pas une *pure négation du moi et de la vie personnelle :* c'est cette vie même portée jusqu'au sublime. Le sublime, en morale comme en esthétique, semble tout d'abord en contradiction avec l'ordre, qui constitue plus proprement la beauté ; mais ce n'est là qu'une contradiction superficielle : le sublime a les mêmes racines que le beau, et l'intensité de sentiments qu'il suppose n'empêche pas une certaine rationalité intérieure.

Lorsqu'on a accepté le *risque,* on a aussi accepté la mort possible. En toute loterie, il faut prendre les mauvais numéros comme les autres. Aussi celui qui voit venir la mort dans ces circonstances se sent-il lié pour ainsi dire à elle : il l'avait prévue et voulue, tout en espérant cependant y échapper ; il ne reculera donc pas à moins d'une inconséquence, d'une pauvreté de caractère qu'on désigne d'habitude sous le nom de lâcheté. Sans doute celui qui aura quitté sa patrie pour éviter le service militaire ne sera pas nécessairement pour tous un objet d'horreur (constatons-le en le regrettant) ; mais celui qui, résigné à devenir soldat, ayant accepté sa tâche, prend la fuite devant le danger et fait volte-face au moment suprême, celui-là sera réputé lâche et indigne. A plus forte raison en sera-t-il de même de l'officier qui, par avance, avait accepté non seulement de marcher à la mort, mais d'y marcher le premier de tous, de donner l'exemple. De même un médecin ne peut moralement pas refuser ses soins dans une épidémie. L'obligation morale prend la forme d'une obligation *professionnelle,* d'un *contrat* librement voulu, avec toutes les conséquences et tous les risques qu'il implique [1].

Plus nous irons, plus l'économie politique et la sociologie se réduiront à la science des risques et des moyens de les *compenser*, en d'autres termes à la science de l'*assurance*. Et plus la morale sociale se ramènera à l'art d'employer avantageusement pour le bien de tous ce besoin de *se risquer* qu'éprouve toute vie individuelle un peu puissante. En d'autres termes, on tâchera de rendre assurés et *tranquilles* les *économes d'eux-mêmes*, tandis qu'on rendra *utiles* ceux qui sont pour ainsi dire *prodigues* d'eux-mêmes.

Mais allons plus loin. L'agent moral peut être placé non en face du simple risque, mais devant la *certitude* du sacrifice définitif.

Dans certaines contrées, quand le laboureur veut féconder son champ, il emploie quelquefois un moyen énergique : il prend un cheval, lui ouvre les veines et, le fouet à la main, le lance dans les sillons ; le cheval saignant se traîne à travers le champ qui s'allonge sous ses jambes fléchissantes ; la terre se rougit sous lui, chaque sillon boit sa part de sang. Lorsque, épuisé, il tombe en râlant, on le force encore à se relever, à donner sans en rien retenir le reste de son sang à la terre avide. Enfin il s'affaisse pour la dernière fois ; on l'enterre dans le champ rouge encore ; toute sa vie, tout son être passe à la terre rajeunie. Cette semence

---

[1] Les risques peuvent aller ainsi se multipliant sans cesse et vous enveloppant d'un réseau toujours plus serré sans qu'on puisse, logiquement et moralement, reculer. « L'exaltation des sentiments de colère et de générosité croît selon la même proportion que le danger, » fait observer avec raison M. Espinas dans des objections qu'il nous a adressées sans savoir que nous étions au fond du même avis sur tous ces points. (*Revue philosophique*, année 1882, t. II.)

de sang devient une richesse : le champ ainsi nourri abondera en blé, en bienfaits pour le laboureur. Les choses ne se passent pas autrement dans l'histoire de l'humanité. La légion des grands infortunés, des martyrs ignorés ou glorieux, tous ces hommes dont le malheur propre fait le bien d'autrui, tous ceux qu'on a forcés au sacrifice ou qui l'ont cherché eux-mêmes, s'en sont allés à travers le monde semant leur vie, versant le sang de leurs flancs entr'ouverts comme d'une source vive : ils ont fécondé l'avenir. Souvent ils se sont trompés, et la cause qu'ils défendaient ne valait pas leurs sacrifices : rien de plus triste que de mourir en vain. Mais, pour qui considère les moyennes et non les individus, le dévouement est un des plus précieux et des plus puissants ressorts de l'histoire. Pour faire faire un pas à l'humanité, ce grand corps paresseux, il a fallu jusqu'à présent une secousse qui broyât des individus. Le plus humble, le plus *moyen* des hommes peut donc se trouver devant l'alternative du sacrifice certain de sa vie ou d'une obligation à remplir : il peut être non seulement soldat, mais gardien de la paix, pompier, etc., et ces situations que nous appelons *modestes* sont de celles qui peuvent exiger parfois des actes sublimes. Or, comment demander à quelqu'un le sacrifice de sa vie si l'on n'a fondé la morale que sur le développement régulier de cette vie même ? Il y a contradiction dans les termes. C'est l'objection capitale que nous avons faite ailleurs à toute morale naturaliste, et devant laquelle nous sommes ramené par la nécessité des choses.

Au point de vue naturaliste où nous nous plaçons, l'acte même de veiller aux simples intérêts d'autrui n'est supérieur à l'acte de veiller à ses propres intérêts qu'en tant qu'il indique une plus grande *capacité morale*, un surplus de vie intérieure. Sans cela, ce ne serait qu'une sorte de monstruosité, comme ces plantes qui n'ont ni feuilles ni presque de racines, rien qu'une fleur. Pour commander le dévouement, il faudrait trouver quelque chose de plus précieux que la vie; or, empiriquement, il n'y a rien de plus précieux, cette chose-là n'a pas de commune mesure avec tout le reste; le reste la suppose et lui emprunte sa valeur. On ne peut convaincre l'utilitaire anglais que la moralité conservée par le sacrifice de la vie, ce ne soit pas l'avare mourant pour sauver son trésor. Rien de plus naturel que de demander à quelqu'un de mourir pour vous ou pour une idée, quand il a foi entière dans l'immortalité et qu'il sent déjà pousser ses ailes d'ange; mais s'il n'y croit pas? Si nous avions la foi, nulle difficulté; c'est chose si commode qu'un bandeau sur les yeux! on s'écrie: je vois, je sais, je crois; on ne voit rien, on sait encore moins, mais on a la foi qui remplace tout, on fait ce qu'elle commande, on va au sacrifice la tête levée vers le ciel; on se fait écraser gaiement entre les rouages de la grande machine sociale, et même quelquefois sans un but justifié, pour un rêve, pour une erreur, comme les Hindous qui se jetaient à plat ventre sous les roues sanglantes du char sacré, heureux de mourir sous le poids de leurs idoles gigantesques et vides. N'ayant pas la foi, comment demander un sacrifice *définitif* à l'individu, sans s'appuyer sur un autre principe que le développement de cette vie même dont il s'agit de sacrifier tout ou partie?

Commençons par reconnaître que, dans certains cas extrêmes — très rares d'ailleurs — le problème n'a pas de solution rationnelle et scientifique. Dans ces cas où la morale est impuissante, la morale doit laisser toute spontanéité à l'individu. Le tort des jésuites est beaucoup moins d'avoir voulu élargir la morale, que d'y avoir introduit ce détestable élément, l'hypocrisie. Avant tout, il faut être franc avec soi-même et avec les autres ; le paradoxe n'a rien de dangereux quand il se présente hardiment à tous les regards. Toute action peut être considérée comme une équation à résoudre ; or il y a toujours, dans une décision pratique, des termes connus et un terme inconnu qu'il s'agit de dégager ; mais une morale scientifique ne peut pas toujours le dégager : certaines équations sont donc insolubles ou du moins ne peuvent présenter de solution indiscutable et catégorique. Le tort des moralistes, c'est de prétendre résoudre d'une façon définitive et universelle des problèmes qui peuvent avoir quantité de solutions singulières.

Ajoutons que l'inconnue fondamentale, l'$x$ qui se retrouve dans un certain nombre de problèmes, c'est la mort. La solution de l'équation posée dépend alors de la valeur variable que l'on attache aux autres termes, qui sont : 1° la vie physique à sacrifier ; 2° l'action morale quelconque à accomplir. — Examinons ces deux termes :

La solution dépend d'abord, disons-nous, de la valeur qu'on attache à la vie. Sans doute la vie est pour chacun le plus précieux des biens, puisqu'elle est la condition des autres ; mais d'abord, quand les autres se réduisent presque à zéro, la vie elle-même perd sa valeur : elle devient alors un objet méprisable. Soit deux individus, l'un ayant perdu ceux qu'il aimait, l'autre possédant une nombreuse famille dont le sort dépend de lui : tous deux ne sont pas égaux devant la mort.

Pour bien poser ce problème capital du mépris de la vie, il faut le rapprocher d'une autre question importante : le dévouement a plus d'une analogie avec le suicide, puisque dans les deux cas c'est la mort consentie et même voulue par un individu sachant ce que c'est que la vie. Pour expliquer le suicide, il faut admettre que la *durée* des jouissances moyennes de la vie a peu de prix en comparaison de l'*intensité* de certaines souffrances; et la réciproque sera également vraie, à savoir que l'intensité de certaines jouissances semble préférable à toute la durée de la vie. Berlioz met en scène un artiste qui se tue après avoir éprouvé le plus haut plaisir esthétique qu'il lui semble devoir éprouver de sa vie : il n'y a pas autant de folie qu'on pourrait le croire dans cette action. Supposez qu'il vous soit donné d'être pour un instant un Newton découvrant sa loi ou un Jésus prêchant l'amour sur la montagne : le reste de votre vie vous semblerait décoloré et vide; vous pourriez acheter cet instant au prix de tout. Donnez à quelqu'un le choix entre revivre la durée monotone de sa vie entière ou revivre le petit nombre d'heures parfaitement heureuses qu'il se rappelle : peu de gens hésiteront. Étendons la chose au présent et à l'avenir : il est des heures où l'intensité de la vie est si grande que, mises en balance avec toute la série possible des années, elles emportent le plateau. On passe trois jours pour monter à un haut sommet des Alpes; on trouve que ces trois jours de fatigue valent le court instant passé sur la cime blanche, dans la tranquillité du ciel. Il y a aussi des instants de la vie où il semble qu'on soit sur une cime et qu'on plane; devant ces instants-là tout le reste devient indifférent.

La vie — même au point de vue positif où nous nous plaçons ici — n'a donc pas cette valeur incommensurable qu'elle semblait d'abord avoir. On peut parfois, sans être irrationnel, sacrifier la totalité de l'existence pour un de ses moments, comme on peut préférer un seul vers à tout un poème.

Tant qu'il y aura des suicides dans l'humanité, il serait inexplicable qu'il n'y eût pas des dévouements définitifs et sans espoir. On ne peut que regretter une chose, c'est que la société ne cherche pas à transformer le plus possible les suicides en dévouements[1]. On devrait offrir toujours un certain nombre d'entreprises périlleuses à ceux qui sont découragés de vivre. Le progrès humain aura besoin pour s'accomplir de tant de vies individuelles, qu'on devrait veiller à ce qu'aucune ne se perde en vain. Dans l'institution philanthropique dite des *dames du calvaire*, on voit des veuves se consacrer à soigner des maladies répugnantes et contagieuses ; cet emploi, au profit de la société, des vies que le veuvage a plus ou moins brisées et rendues inutiles est un exemple de ce qu'on pourrait faire, de ce qu'on fera certainement dans la société à venir. Il existe des milliers de personnes pour lesquelles la vie a perdu la plus grande partie de sa valeur ; ces personnes peuvent trouver une véritable consolation dans le dévouement : il faudrait les employer. Il faudrait de même employer toutes les capacités ; or, il y a des capacités spéciales pour les métiers périlleux et désintéressés, des tempéraments faits pour s'oublier et se risquer toujours eux-mêmes. Cette capacité pour le dévouement a sa source dans une surabondance de vie morale ; toutes les fois que, dans son milieu, la vie morale d'un individu est arrêtée, comprimée, il faudrait lui découvrir aussitôt un autre milieu où elle retrou-

[1]. Récemment, sur la place des Invalides, au moment où un chien enragé allait se jeter sur des enfants, un homme courut sur lui, le terrassa, lui brisa la colonne vertébrale et le jeta dans la Seine ; comme on voulait faire soigner les morsures assez nombreuses que cet homme avait reçues, il se déroba à la foule, disant qu'il voulait mourir parce que « sa femme lui avait brisé le cœur. » — Il ne devrait pas y avoir d'autres suicides.

vât la possibilité de son extension indéfinie, de son emploi infatigable pour l'humanité.

Outre que la vie n'est pas toujours un objet de *préférence*, elle peut devenir, dans certains cas, un objet de *dégoût* et d'*horreur*. Il y a un sentiment, particulier à l'homme, qu'on n'a pas bien analysé jusqu'ici : nous l'avons appelé déjà le sentiment de l'*intolérabilité*. Par l'influence de l'attention et de la réflexion, certaines souffrances physiques et surtout morales grandissent dans la conscience au point d'obscurcir tout le reste. Une seule peine suffit à effacer toute la multitude des plaisirs de la vie. Probablement l'homme a ce privilège de pouvoir être, s'il le veut, l'animal le plus malheureux de la création, à cause de la ténacité qu'il peut communiquer à ses peines. Or un des sentiments qui possèdent au plus haut point ce caractère de l'intolérabilité, c'est celui de la honte, de la « défaillance morale : » la vie achetée, par exemple, au prix de la honte peut ne pas paraître supportable. On nous objectera qu'un vrai philosophe épicurien ou utilitaire peut regarder de haut ces sentiments de pudeur morale qui ont toujours quelque chose de conventionnel ; mais nous répondrons qu'ils sont beaucoup moins conventionnels que tels autres, comme le culte de l'argent ; on voit tous les jours des gens ruinés ne plus pouvoir supporter la vie, et la philosophie ne pas leur servir ici à grand'chose. Or il y a une sorte de faillite morale plus redoutable encore à tous égards que l'autre. Ce qui est simplement agréable, comme tel ou tel plaisir de la vie, et même la somme des plaisirs de la vie, — ne peut jamais compenser ce qui apparaît à tort ou à raison comme *intolérable*.

Certaines sphères particulières de l'activité finissent par

acquérir une importance telle dans la vie, qu'on ne peut plus y porter atteinte sans atteindre la vie même en sa source. On ne se figure pas Chopin sans son piano : lui interdire la musique eût été le tuer. De même, l'existence n'eût probablement pas été supportable pour Raphaël sans les formes, les couleurs et un pinceau pour les reproduire. Quand l'art acquiert ainsi autant d'importance que la vie même, il n'y a rien d'étonnant à ce que la moralité ait aux yeux de l'homme plus de prix encore : c'est là en effet une sphère d'activité plus vaste que l'art. Si le sceptique trouve qu'il y a quelque vanité et quelque illusion dans le sentiment moral, il trouvera qu'il y en a plus encore dans le sentiment artistique : ceux que l'art a tués, sont morts plus entièrement que s'ils étaient tombés pour l'humanité, et cependant ceux que l'art a tués ou tuera sont nombreux : plus nombreux doivent être ceux qui se sacrifient à un idéal moral. Supposez un arbre dont une branche acquiert un développement énorme et prend même racine sur le sol environnant, comme il arrive pour l'arbre géant de l'Inde : à la longue, la branche cachera le tronc même ; c'est elle qui semblera le supporter et le faire vivre. La vie morale et intellectuelle est ainsi une sorte de rejeton, une branche puissante de la vie physique : elle se développe à tel point dans le milieu social qu'un individu tué pour ainsi dire dans sa vie morale semble par là plus complètement anéanti : c'est un tronc ayant perdu toute sa force et sa verdure, un véritable cadavre. « Perdre, pour *vivre*, les motifs mêmes de vivre ! » Le vers de Juvénal est toujours vrai, même pour qui rejette les doctrines stoïques. Le sceptique le plus désabusé s'impose encore une certaine règle de conduite qui domine sa vie, un idéal au moins pratique ; la vie, à certains moments, peut ne pas lui paraître digne d'être conservée par la renonciation à ce dernier vestige d'idéal.

Si, dans aucune doctrine, le sentiment moral ne peut, à lui seul, donner à la sensibilité le vrai bonheur positif, il est cependant capable de rendre le bonheur *impossible* en dehors de lui, et cela suffit pratiquement. Pour les êtres qui sont parvenus à un certain degré de l'évolution morale, le bonheur n'est plus désirable en dehors de leur idéal même.

Le sentiment moral vaut donc encore plus par sa puissance destructive que par sa puissance créatrice. On pourrait le comparer à un grand amour qui éteint toutes les autres passions; sans cet amour la vie nous est intolérable et impossible; d'autre part, nous savons qu'il ne sera pas payé de retour, qu'il ne peut pas et ne doit pas l'être. On plaint d'habitude ceux qui ont au cœur de tels amours, des amours sans espoir, que rien ne peut rassasier; et pourtant nous en nourrissons tous un aussi puissant pour notre idéal moral, dont nous ne pouvons rationnellement attendre aucune sanction. Cet amour semblera toujours vain au point de vue utilitaire, puisqu'il ne doit point compter sur une satisfaction, sur une récompense; mais, d'un point de vue plus élevé, ces satisfactions et ces prétendues récompenses peuvent apparaître à leur tour comme une vanité.

En résumé, la valeur de la vie est une chose tout à fait variable et qui parfois peut se réduire à zéro, à moins de zéro. L'action morale, au contraire, a toujours un certain prix; il est rare qu'un être soit descendu assez bas pour accomplir, par exemple, un acte de lâcheté avec la plus parfaite indifférence, ou même avec plaisir.

Maintenant, pour se faire une idée du prix que l'action

morale peut acquérir dans certains cas, il faut songer que l'homme est un animal pensant, ou, comme nous l'avons dit ailleurs, un animal philosophique. La morale positive ne peut pas ne pas tenir compte des hypothèses métaphysiques que l'homme se plaît à faire sur le fond des choses. Seulement, ces hypothèses doivent rester absolument libres et personnelles, et il est impossible de les systématiser en une doctrine métaphysique qui s'imposerait universellement à la raison humaine. Nous allons voir comment, grâce à l'hypothèse individuelle, il n'est pas de sacrifice absolu qui ne puisse devenir non seulement possible, mais presque facile en certains cas.

# CHAPITRE II

### Équivalent tiré du risque métaphysique : l'hypothèse.

## I

### LE RISQUE MÉTAPHYSIQUE DANS LA SPÉCULATION

Nous avons constaté l'influence pratique considérable qu'avait le plaisir du danger ou du risque ; il nous reste à voir l'influence non moins grande de ce que Platon appelait le « καλὸς κίνδυνος, » du grand risque métaphysique où la pensée aime à se jouer.

Pour que je puisse *raisonner* jusqu'au bout certains actes moraux dépassant la morale moyenne et scientifique, pour que je puisse les déduire rigoureusement de principes philosophiques ou religieux, il faut que ces principes soient eux-mêmes posés et déterminés. Mais ils ne peuvent l'être que par l'hypothèse : il faut donc que je crée moi-même, en définitive, les raisons métaphysiques de mes actes. Étant donné l'inconnaissable, l'$x$ du fond des choses, il faut que je me le représente d'une certaine façon, que je le conçoive sur l'image de l'acte que je veux accomplir. Si, par exemple, je veux accomplir un acte de charité pure et définitive, et que je veuille justifier rationnellement cet acte, il faut que j'imagine une éternelle charité présente au fond des choses et de moi-même, il faut que j'objective le sentiment qui me fait agir. L'agent moral joue ici le même rôle que l'artiste : il doit projeter au dehors les tendances qu'il sent en lui, et faire un poème métaphysique avec son amour. L'$x$ inconnaissable et neutre est le pendant du marbre que façonne le sculpteur, des mots inertes qui se rangent et prennent vie dans la strophe du poète. L'artiste ne façonne que la forme des choses ; l'être moral, qui est toujours un métaphysicien spontané ou réfléchi, façonne le fond même des choses, arrange l'éternité sur le modèle de l'acte d'un jour qu'il conçoit, et il donne ainsi à cet acte, qui sans cela semblerait suspendu en l'air, une racine dans le monde de la pensée.

Le *noumène*, au sens *moral* et non purement négatif, c'est nous qui le faisons ; il n'acquiert de valeur morale qu'en vertu du type sur lequel nous nous le représentons : c'est une construction de notre esprit, de notre imagination métaphysique.

Dira-t-on qu'il y a quelque enfantillage dans cet effort pour assigner un type et une forme à ce qui est par essence sans forme et sans prise ? — Cela est possible. Il y a toujours dans l'héroïsme quelque naïveté simple et grandiose. Dans toute action humaine il existe une part d'erreur, d'illusion; peut-être cette part va-t-elle augmentant à mesure que l'action sort de la moyenne. Les cœurs les plus aimants sont ceux qui sont le plus trompés ; les génies les plus hauts sont ceux où l'on relève le plus d'incohérences ; les martyrs ont été le plus souvent des enfants sublimes. Que d'enfantillages dans les idées des alchimistes, qui ont pourtant fini par créer une science ! C'est en partie par suite d'une erreur que Christophe Colomb a découvert l'Amérique. On ne peut pas juger les théories métaphysiques sur leur vérité absolue, qui est toujours invérifiable, mais sur leur fécondité. Ne leur demandez pas d'être *vraies*, mais de le *devenir*. Une erreur *féconde* est plus vraie au point de vue de l'évolution universelle qu'une vérité trop étroite et stérile. Il est triste, dit quelque part M. Renan, de songer que c'est M. Homais qui a raison, et qu'il a vu vrai comme cela, du premier coup, sans effort et sans mérite, en regardant à ses pieds. — Eh bien, non, M. Homais n'a pas raison, enfermé qu'il est dans son petit cercle de vérités positives. Il a pu fort bien « cultiver son jardin, » mais il a pris son jardin pour le monde, et il s'est trompé. Il eût peut-être mieux valu pour lui tomber amoureux d'une étoile, enfin être hanté par quelque chimère bien chimérique, qui du moins lui eût fait faire quelque chose de grand. Vincent de Paul avait sans doute le cerveau rempli de plus de rêves faux que M. Homais; mais il s'est trouvé que la petite portion de vérité contenue dans ses rêves a été plus féconde que la masse de vérités de sens commun saisies par M. Homais.

La métaphysique est, dans le domaine de la pensée, ce que sont le luxe et les dépenses en vue de l'art dans le domaine économique : c'est une chose d'autant plus utile qu'elle semble d'abord moins nécessaire; on pourrait s'en passer, et on en souffrirait beaucoup; on ne sait pas au juste où elle commence, on sait encore moins où elle finit, et cependant l'humanité s'y laissera toujours aller, par une pente invincible et douce. De plus, il est certains cas — les économistes l'ont démontré — où le luxe devient tout à coup le nécessaire, où l'on a besoin, pour faire face à la vie, de ce qu'on avait précédemment en trop. C'est ainsi qu'il est des circonstances où la pratique a tout à coup besoin de la métaphysique : on ne peut plus vivre, ni surtout mourir sans elle.

La raison nous fait entrevoir deux mondes distincts : le monde réel où nous vivons, un certain monde idéal où nous vivons aussi, où notre pensée se retrempe sans cesse et dont on ne peut pas ne pas tenir compte ; seulement, quand il s'agit du monde idéal, personne n'est plus d'accord : chacun le conçoit à sa manière ; quelques-uns le nient tout à fait. C'est pourtant de la manière dont on conçoit le fond métaphysique des choses que dépend la manière dont on s'obligera soi-même à agir. En fait, une grande partie des plus nobles actions humaines ont été accomplies au nom de la morale religieuse ou métaphysique ; il est donc impossible de négliger cette très féconde source d'activité. Mais il n'est pas moins impossible de lui imposer une règle fixe tirée d'une seule doctrine ; au lieu de la *régler* absolument, il importe seulement de la *délimiter*, de lui assigner sa sphère sans la laisser empiéter sur la morale positive. Il faut compter sur la spéculation métaphysique en morale comme on compte sur la spéculation économique en politique et en sociologie. Seulement, en premier lieu, il faut bien se persuader que son domaine est celui du sacrifice pratiquement *improductif* pour l'individu, du dévouement absolu au point de vue terrestre ; le domaine de la spéculation économique est, au contraire, celui du sacrifice *reproductif*, du risque couru dans un but d'intérêt. En second lieu, il faut lui laisser son caractère hypothétique. En fait, je *sais* cela ; par hypothèse, et suivant un calcul personnel de probabilité, j'en *induis* ceci (par exemple que le désintéressement est le fond de mon être, et l'égoïsme la simple surface, ou réciproquement); par déduction, j'en tire une *loi* rationnelle de ma conduite. Cette loi est une simple conséquence de mon hypothèse, et je ne m'y sens rationnellement *obligé* qu'aussi longtemps que l'hypothèse me paraît la plus probable, la plus vraie *pour moi*. On obtient ainsi une sorte d'impératif rationnel et non catégorique, suspendu à une hypothèse.

En troisième lieu, il faut admettre que cette hypothèse peut varier suivant les individus, les tempéraments intellectuels : c'est l'absence de loi fixe, qu'on peut désigner sous le terme d'*anomie* pour l'opposer à l'autonomie des Kantiens. Par la suppression de l'impératif catégorique, le désintéressement, le dévouement ne sont pas supprimés, mais leur objet variera ; l'un se dévouera pour une cause, l'autre pour une autre. Bentham a consacré sa vie entière à la notion d'intérêt : c'est une manière de dévouement; il a subordonné toutes ses facultés à la recherche de l'utile pour lui et nécessairement aussi pour les autres : le résultat, c'est qu'il a été réellement très utile, autant et plus que tel apôtre du désintéressement, comme sainte Thérèse.

L'hypothèse produit pratiquement le même effet que la foi, engendre même une foi subséquente, mais non affirmative et dogmatique comme l'autre : la morale, naturaliste et positiviste à sa base, vient par son sommet se suspendre à une libre métaphysique. Il y a une morale invariable, celle des faits; et, pour la compléter là où elle ne suffit plus, une morale variable et individuelle, celle des hypothèses. Ainsi se trouve ébranlée la vieille loi apodictique : l'homme, délié par le doute de toute obligation absolue, recouvre en partie sa liberté. Kant a commencé en morale une révolution quand il a voulu rendre la volonté « autonome, » au lieu de la faire s'incliner devant une loi extérieure à elle; mais il s'est arrêté à moitié chemin : il a cru que la liberté individuelle de l'agent moral pouvait se concilier avec l'universalité de la loi, que chacun devait se conformer à un même type immuable, que le « règne » idéal des libertés serait un gouvernement régulier et méthodique. Mais, dans le « règne des libertés, » le bon ordre vient de ce que précisément il n'y a aucun ordre imposé d'avance, aucun arrangement préconçu ; de là, à partir du point où s'arrête la morale positive, la plus grande diversité possible dans les actions, la plus grande variété même dans les idéaux poursuivis. La vraie « autonomie » doit produire l'originalité individuelle et non l'universelle uniformité. Si chacun se fait sa loi à lui-même, pourquoi n'y aurait-il pas plusieurs lois possibles, par exemple celle de Bentham et celle de Kant?

Plus il y aura de doctrines diverses à se disputer le choix de l'humanité, mieux cela vaudra. L'évolution dans les esprits, comme l'évolution matérielle, est toujours un passage de l'homogène à l'hétérogène : faites l'unité complète dans l'intelligence, vous anéantissez l'intelligence même ; façonnez tous les esprits sur le même plan, donnez-leur les mêmes croyances, la même religion, la même métaphysique, tirez au cordeau la pensée humaine, vous irez juste contre la tendance essentielle du progrès. Rien de plus monotone et de plus insipide qu'une ville aux rues bien alignées et toutes semblables; ceux qui se figurent la cité intellectuelle sur ce type font un contre-sens. On dit : « la vérité est une ; l'idéal de la pensée, c'est cette unité même, cette uniformité. » Votre vérité prétendue est une abstraction, comme le triangle parfait ou le cercle parfait des mathématiciens ; dans la réalité tout est infiniment multiple. Aussi, plus il y a de gens à penser différemment, plus grande est la somme de vérité qu'ils embrassent. Il ne faut donc pas craindre la diversité des opinions, il faut au contraire la provoquer : deux hommes sont d'un avis contraire, tant mieux peut-être ; ils sont beaucoup plus dans le vrai que s'ils pensaient tous les deux la même chose. Quand plusieurs personnes veulent voir tout un paysage, elles n'ont qu'un moyen, c'est de se tourner le dos les unes aux autres. Si on envoie des soldats en éclaireurs, et qu'ils aillent tous du même côté en n'observant qu'un seul point de l'horizon, ils reviendront très probablement sans avoir rien découvert. La vérité est comme la lumière, elle ne nous vient pas d'un seul point ; elle nous est renvoyée par tous les objets à la fois, elle nous frappe en tous sens et de mille manières : il faudrait avoir cent yeux pour en saisir tous les rayons. L'humanité en son ensemble a des millions d'yeux et d'oreilles ; ne lui conseillez pas de les fermer ou de ne les tendre que d'un seul côté : elle doit les ouvrir tous à la fois, les tourner dans toutes les directions ; il faut que l'infinité de ses points de vue corresponde à l'infinité des choses. La variété des doctrines prouve la richesse et la puissance de la pensée : aussi cette variété, loin de diminuer avec le temps, doit augmenter sans cesse. La division dans la pensée et la diversité dans les travaux intellectuels est aussi nécessaire que la division et la diversité dans les labeurs manuels : cette division du travail est la condition de toute richesse. Autrefois la pensée était infiniment moins divisée qu'à notre époque : tous étaient imbus des mêmes superstitions, des mêmes dogmes, des mêmes faussetés ; quand on rencontrait un individu, on pouvait d'avance et sans le connaître dire : « voici ce qu'il croit ; » on pouvait compter les absurdités que sa tête renfermait, faire le bilan de son cerveau.

De nos jours encore bien des gens des classes inférieures ou supérieures en sont restés là : leur intelligence est moulée sur un type convenu. Heureusement le nombre de ces esprits inertes et sans ressort diminue chaque jour : le rôle de l'initiative augmente ; chacun tend à se faire sa foi et sa croyance. Puissions-nous en venir un jour à ce qu'il n'y ait plus nulle part d'*orthodoxie*, je veux dire de foi générale englobant les esprits ; à ce que la croyance soit tout *individuelle*, à ce que l'hétérodoxie soit la vraie et universelle religion ! La société religieuse (et toute morale absolue semble la dernière forme de la religion), cette société, unie par une communauté de superstitions, est une forme sociale des anciens âges, qui tend à disparaître et qu'il serait étrange de prendre pour idéal. Les rois s'en vont ; les prêtres s'en iront aussi. La théocratie aura beau s'efforcer de faire des compromis avec l'ordre nouveau, des concordats d'un autre genre : la théocratie constitutionnelle ne peut pas plus satisfaire définitivement la raison que la monarchie constitutionnelle. L'esprit français surtout ne s'accommode pas des accommodements, des demi-mesures, de tout ce qui n'est que partiellement juste et partiellement vrai ; en tous cas ce n'est pas là qu'il placera son idéal. En matière de religion ou de métaphysique, l'idéal véritable, c'est l'indépendance absolue des esprits et la libre diversité des doctrines.

Vouloir gouverner les esprits est pire encore que de vouloir gouverner les corps ; il faut fuir toute espèce de « direction de conscience » ou de « direction de pensée » comme un véritable fléau. Les métaphysiques autoritaires et les religions sont des lisières bonnes pour les peuples enfants : il est temps que nous marchions seuls, que nous prenions en horreur les prétendus apôtres, les missionnaires, les prêcheurs de toute sorte, que nous soyons nos propres guides et que nous cherchions en nous-mêmes la « révélation. » Il n'y a plus de Christ : que chacun de nous soit son Christ à lui-même, se relie à Dieu comme il voudra et comme il pourra, ou même renie Dieu ; que chacun conçoive l'univers sur le type qui lui semblera le plus probable, monarchie, oligarchie, république ou chaos : toutes ces hypothèses peuvent se soutenir, et doivent être soutenues. Il n'est pas absolument impossible que l'une d'elles réunisse un jour de son côté les plus grandes probabilités et emporte avec elle la balance dans les esprits humains les plus cultivés ; il n'est pas impossible que cette doctrine privilégiée soit une doctrine de négation ; mais il ne faut point empiéter sur un avenir aussi problématique et croire qu'en détruisant la religion révélée ou le devoir catégorique on jettera brusquement l'humanité dans l'athéisme et le scepticisme moral. Dans l'ordre intellectuel il ne peut pas y avoir de révolution violente et subite, mais seulement une évolution s'accentuant avec les années : c'est même cette lenteur des esprits à parcourir d'un bout à l'autre la chaîne des raisonnements qui, dans l'ordre social, fait échouer les révolutions trop brusques. Aussi — quand il s'agit de spéculation pure — les hommes les moins à craindre et les plus utiles sont-ils les plus révolutionnaires, ceux dont la pensée est la plus audacieuse ; on doit les admirer sans les redouter : ils peuvent si peu ! la tempête qu'ils soulèvent dans un petit coin de l'océan produira à peine sur la masse immense une imperceptible ondulation. D'autre part — dans la pratique — les révolutionnaires se trompent toujours, parce qu'ils croient toujours la vérité trop simple, ont trop confiance en eux-mêmes et s'imaginent qu'ils ont trouvé et déterminé le terme du progrès humain ; tandis que le propre du progrès, c'est de n'avoir pas de terme, de n'atteindre ceux qu'on lui propose qu'en les transformant, de ne résoudre les problèmes qu'en en changeant les données.

Bienheureux donc aujourd'hui ceux à qui un Christ pourrait dire : « Hommes de peu de foi !…, » si cela signifiait : Hommes sincères qui ne voulez pas leurrer votre raison et ravaler votre dignité d'êtres intelligents, hommes d'un esprit vraiment scientifique et philosophique qui vous défiez des apparences, qui vous défiez de vos yeux et de vos esprits, qui sans cesse recommencez à scruter vos sensations et à éprouver vos raisonnements ; hommes qui seuls pourrez posséder quelque part de la vérité éternelle, précisément parce que vous ne croirez jamais la tenir tout entière ; hommes qui avez assez de la véritable *foi* pour chercher toujours, au lieu de vous reposer en vous écriant : j'ai trouvé ; hommes courageux qui marchez là où les autres s'arrêtent et s'endorment : vous avez pour vous l'avenir, c'est vous qui façonnerez l'humanité des âges futurs.

La morale, de nos jours, a elle-même compris son impuissance partielle à régler d'avance toute la vie humaine ; elle laisse une plus large sphère à la liberté individuelle, elle ne menace que dans un nombre de cas assez restreint et où se trouvent engagées les conditions absolument nécessaires de toute vie sociale. Les philosophes n'en sont plus à la morale rigoriste de Kant, qui réglementait tout dans le for intérieur, interdisait toute transgression, toute interprétation libre des commandements moraux. C'était encore une morale analogue aux religions ritualistes, pour qui telle et telle cérémonie manquée constitue un sacrilège, et qui oublient le fond pour la forme ; c'était une sorte de despotisme moral, s'insinuant partout, voulant tout gouverner. Maintenant, chez beaucoup d'esprits, la loi rigoriste du kantisme règne encore, mais ne gouverne plus dans le détail; on la reconnaît en théorie et pratiquement on est bien obligé de s'en écarter. Ce n'est plus le Jupiter dont un froncement de sourcil suffisait à émouvoir le monde; c'est un prince libéral à qui on désobéit sans grand risque. N'y a-t-il pas quelque chose de mieux que cette royauté débonnaire, et l'homme, lorsqu'il arrive sur les confins de la morale et de la métaphysique, ne doit-il pas rejeter toute souveraineté absolue, pour s'en rapporter franchement à la spéculation individuelle?

Plus un mécanisme est grossier, plus il a besoin pour être mis en branle d'un moteur violent et grossier lui-même; avec un mécanisme plus délicat il suffit du bout du doigt pour produire des effets considérables; ainsi en est-il dans l'humanité. Pour mettre en mouvement les peuples anciens, il a fallu d'abord que la religion leur fît des promesses énormes et dont on leur garantissait la véracité: on leur parlait de montagnes d'or, de ruisseaux de lait et de miel. Fernand Cortez aurait-il conquis le Mexique s'il n'avait cru voir briller dans le lointain les prétendus dômes d'or de Mexico? On présentait aux yeux des hommes pour les exciter des images voyantes, des couleurs crues, comme on présente du rouge aux taureaux. Il fallait alors une foi robuste pour triompher de l'inertie naturelle. On voulait du certain; on touchait du doigt son dieu, on le mangeait et on le buvait: alors on pouvait tranquillement mourir pour lui, avec lui. Plus tard, le devoir a semblé et semble encore à beaucoup une chose divine, une voix d'en haut qui se fait entendre en nous, qui nous tient des discours, nous donne des ordres. Les Écossais parlaient même de « sens » moral, de « tact » moral. Il fallait cette conception grossière pour triompher d'instincts encore trop grossiers. Aujourd'hui, une simple hypothèse, une simple possibilité suffit pour nous attirer, nous fasciner. Le martyr n'a plus besoin de savoir si «des palmes l'attendent là-haut» ou si une loi catégorique lui commande son dévouement. On meurt pour conquérir non pas la vérité tout entière, mais le plus petit de ses éléments; un savant se dévoue pour un « chiffre. » L'ardeur à la recherche supplée à la certitude même de l'objet cherché; l'enthousiasme remplace la *foi* religieuse et la *loi* morale. La hauteur de l'idéal à réaliser remplace l'énergie de la croyance en sa réalité immédiate. Quand on espère quelque chose de très grand, on puise dans la beauté du but le courage de braver les obstacles; si les chances d'y atteindre diminuent, le désir s'accroît en proportion. Plus l'idéal est éloigné de la réalité, plus il est désirable, et comme le désir même est la force suprême, il a à son service le maximum de force. Les biens trop vulgaires de la vie sont si peu de chose, qu'en comparaison l'idéal conçu doit paraître immense; toutes nos petites jouissances s'anéantissent devant celle de réaliser une pensée élevée. Cette pensée dût-elle n'être presque rien dans le domaine de la nature et même de la science, elle peut être réellement tout par rapport à nous: c'est l'obole du pauvre. Chercher la vérité, cette action n'offre plus rien de conditionnel, de douteux, de fragile. On tient quelque chose, non pas sans doute la vérité même (qui la tiendra jamais?), mais du moins l'esprit qui la fait découvrir. Quand on s'arrête obstinément à quelque doctrine toujours trop étroite, c'est une chimère qui fuit dans vos mains; mais aller toujours, chercher toujours, espérer toujours, cela seul n'est pas une chimère. La vérité est dans le mouvement, dans l'espérance, et ce n'est pas sans raison qu'on a proposé comme complément de la morale positive une « philosophie de l'espérance[1]. » Un enfant vit un papillon bleu posé sur un brin d'herbe ; le papillon était engourdi par le vent du nord. L'enfant cueillit le brin d'herbe, et la fleur vivante qui était au bout, toujours engourdie, ne s'en détacha pas. Il s'en revint, tenant à la main sa trouvaille. Un rayon de soleil vint à briller ; il frappa l'aile du papillon, et soudain, ranimée et légère, la fleur vivante s'envola dans la lumière. Nous tous, chercheurs et travailleurs, nous sommes comme le papillon : notre force n'est faite que d'un rayon de lumière ; — pas même : de l'espoir d'un rayon. Il faut donc savoir espérer : l'espoir est la force qui nous porte en haut et en avant. — Mais c'est une illusion ! — Qu'en savez-vous ? Faut-il ne pas faire un pas, dans la crainte qu'un jour la terre ne se dérobe sous nos pieds ? Ce n'est pas tout que de regarder bien loin dans l'avenir ou dans le passé, il faut regarder en soi-même, il faut y voir les forces vives qui demandent à se dépenser, et il faut agir.

## II

### LE RISQUE MÉTAPHYSIQUE DANS L'ACTION

« Au commencement était l'action, » dit Faust. Nous la retrouvons aussi à la fin. Si nos actions sont conformes à nos pensées, on peut dire aussi que nos pensées correspondent exactement à l'expansion de notre activité. Les systèmes métaphysiques les plus abstraits ne sont eux-

---

[1]. Voir M. Fouillée, *la Science sociale contemporaine*, liv. V.

mêmes que des formules de sentiments, et le sentiment correspond à la tension plus ou moins grande de l'activité intérieure. Il y a un milieu entre le doute et la foi, entre l'incertitude et l'affirmation catégorique, c'est l'action ; par elle seule, l'incertain peut se réaliser et devenir une réalité. Je ne vous demande pas de croire aveuglément à un idéal, je vous demande de travailler à le réaliser. — Sans y croire ? — Afin d'y croire. Vous le croirez quand vous aurez travaillé à le produire.

Toutes les vieilles religions ont voulu nous faire croire par les yeux et les oreilles. Elles nous ont montré Dieu en chair et en os, et les saint Thomas l'ont touché du doigt, et ils ont été convaincus. A présent, nous ne pouvons plus être convaincus de cette façon. Nous verrions, et nous entendrions, et nous toucherions du doigt, que nous nierions encore obstinément. On n'est pas persuadé d'une chose impossible, parce qu'on croit la voir ou la toucher : notre raison est maintenant assez forte pour se moquer au besoin de nos yeux, et les miracles ne pourraient plus convaincre personne. Il faut donc un nouveau moyen de persuasion, que les religions mêmes avaient déjà employé à leur profit ; ce moyen, c'est l'action : vous croirez en proportion de ce que vous ferez. Seulement, l'action ne doit pas consister dans des pratiques extérieures et dans des rites grossiers ; elle doit être tout intérieure en sa source ; notre foi alors viendra vraiment du dedans, non du dehors ; elle aura pour symbole non la routine d'un *rite*, mais la variété infinie de l'*invention*, de l'œuvre individuelle et spontanée.

L'humanité a attendu longtemps que Dieu lui apparaisse, et il lui est apparu, et ce n'était pas Dieu. Le moment de l'attente est passé ; maintenant, c'est celui du travail. Si l'idéal n'est pas tout fait comme une maison, il dépend de nous de travailler ensemble à le faire.

Les religions disent : — J'espère parce que je crois et que je crois à une révélation extérieure. — Il faut dire : — Je crois parce que j'espère, et j'espère parce que je sens en moi une énergie tout intérieure qui doit entrer en ligne de compte dans le problème. Pourquoi ne regarder qu'un côté de la question ? S'il y a le monde inconnu, il y a le moi connu. J'ignore ce que je puis au dehors, et je n'ai nulle révélation, je n'entends aucune « parole » résonnant dans le silence des choses, mais je sais ce qu'intérieurement je veux, et c'est ma volonté qui fera ma puissance. L'action seule donne la confiance en soi, dans les autres, dans le monde. La pure méditation, la pensée solitaire finit par vous ôter des forces vives. Quand on se tient trop longtemps sur les hauts sommets, une sorte de fièvre vous prend, de lassitude infinie ; on voudrait ne plus redescendre, s'arrêter, se reposer ; les yeux se ferment ; mais, si l'on cède au sommeil, on ne se relève plus : le froid pénétrant des hauteurs vous glace jusqu'à la moelle des os ; l'extase indolente et douloureuse dont vous vous sentiez envahir était le commencement de la mort.

L'action est le vrai remède du pessimisme, qui d'ailleurs peut avoir sa part de vérité et d'utilité quand il est pris dans son sens le plus haut. Le pessimisme, en effet, consiste à se plaindre non de ce qui est dans la vie, mais de ce qui n'y est pas. Ce qui est dans la vie ne constitue guère le principal objet des tristesses humaines, et la vie en elle-même n'est pas un mal. Quant à la mort, c'est simplement la négation de la vie. On voudrait ne pas mourir, soi et les siens, mais c'est par aspiration à une existence supérieure, comme on voudrait connaître la vérité, voir Dieu, etc. L'enfant qui veut atteindre la lune pleure un quart d'heure, et se console ; l'homme qui voudrait posséder l'éternité pleure, lui aussi, au moins intérieurement; il fait un gros livre s'il est philosophe, une pièce de vers s'il est poète, rien du tout s'il est incapable ; puis il se console et recommence la vie indifférente de tout le monde ; — indifférente, non, car il y tient : elle est au fond agréable. Le vrai pessimisme se ramène dans le fond au désir de l'infini, le haut désespoir se ramène à l'espoir infini ; c'est précisément parce qu'il est infini et inextinguible qu'il se change en désespoir. La conscience de la souffrance, à quoi se réduit-elle elle-même en grande partie ? A la pensée qu'il serait possible d'y échapper, à la conception d'un état meilleur, c'est-à-dire d'une sorte d'idéal. Le mal est le sentiment d'une impuissance ; il prouverait l'impuissance de Dieu si on supposait un Dieu, mais, quand il s'agit de l'homme, il prouve au contraire sa puissance relative. Souffrir devient la marque d'une supériorité. Le seul être qui parle et pense est aussi le seul capable de pleurer. Un poète a dit : « L'idéal germe chez les souffrants ; » ne serait-ce pas l'idéal même qui fait germer la souffrance morale, qui donne à l'homme la pleine conscience de ses douleurs ?

De fait, certaines douleurs sont une marque de supériorité : tout le monde ne peut pas souffrir ainsi. Les grandes âmes au cœur déchiré ressemblent à l'oiseau frappé d'une flèche au plus haut de son vol : il pousse un cri qui emplit le ciel, il va mourir, et pourtant il plane encore. Leopardi, Heine ou Lenau n'eussent probablement pas échangé contre des jouissances très vives ces moments d'angoisse dans lesquels ils ont composé leurs plus beaux chants. Dante souffrait autant qu'on peut souffrir de la pitié quand il écrivit ses vers sur Françoise de Rimini : qui de nous ne voudrait éprouver une souffrance pareille ? Il est des serrements de cœur infiniment doux. Il est aussi des points où la douleur et le plaisir aigu semblent se confondre : les spasmes de l'agonie et ceux de l'amour ne sont pas sans quelque analogie ; le cœur *se fond* dans la joie comme dans la douleur. Les souffrances fécondes sont accompagnées d'une jouissance ineffable ; elles ressemblent à ces sanglots qui, rendus par la musique d'un maître, deviennent harmonie. Souffrir et produire, c'est sentir en soi une puissance nouvelle éveillée par la douleur ; on est comme l'Aurore sculptée par Michel-Ange, qui, ouvrant ses yeux en pleurs, ne semble voir la lumière qu'à travers ses larmes : oui, mais cette lumière des tristes jours est encore la lumière, elle vaut la peine d'être regardée.

L'action, en sa fécondité, est aussi un remède au scepticisme : elle se fait à elle-même, nous l'avons vu, sa certitude intérieure. Que sais-je si je vivrai demain, si je vivrai dans une heure, si ma main pourra terminer cette ligne que je commence ? La vie, de toutes parts, est enveloppée d'inconnu. Pourtant j'agis, je travaille, j'entreprends ; et dans tous mes actes, dans toutes mes pensées, je présuppose cet avenir sur lequel rien ne m'autorise à compter. Mon activité dépasse à chaque minute l'instant présent, déborde sur l'avenir. Je dépense mon énergie sans craindre que cette dépense soit une perte sèche, je m'impose des privations en comptant que l'avenir les rachètera, je vais mon chemin. Cette incertitude qui, me pressant de toutes parts également, équivaut pour moi à une certitude et rend possible ma liberté, c'est l'un des fondements de la morale spéculative avec tous ses risques. Ma pensée va devant elle, comme mon activité ; elle arrange le monde, dispose de l'avenir. Il me semble que je suis maître de l'infini, parce que mon pouvoir n'est équivalent à aucune quantité déterminée ; plus je fais, et plus j'espère.

Pour avoir les avantages que nous venons de lui attribuer, l'action doit se prendre à quelque œuvre précise et, jusqu'à un certain point, prochaine. Vouloir faire du bien, non pas au monde entier ni à l'humanité entière, mais à des hommes déterminés ; soulager une misère actuelle, alléger quelqu'un d'un fardeau, d'une souffrance, voilà ce qui ne peut pas tromper : on sait ce qu'on fait ; on sait que le but méritera vos efforts, non pas en ce sens que le résultat obtenu aura une importance considérable dans la masse des choses, mais en ce sens qu'il y aura à coup sûr un résultat, et un résultat bon ; que votre action ne se perdra pas dans l'infini, comme une petite vapeur dans le bleu morne de l'éther. Faire disparaître une souffrance, c'est déjà une fin satisfaisante pour un être humain. On change par là d'un infinitième la somme totale de la douleur dans l'univers. La pitié reste, — inhérente au cœur de l'homme et vibrant dans ses plus profonds instincts, — alors même que la justice purement rationnelle et la charité universalisée semblent parfois perdre leurs fondements. Même dans le doute on peut aimer ; même dans la nuit intellectuelle qui nous empêche de poursuivre aucun but lointain, on peut tendre la main à celui qui pleure à vos pieds.

## III

### CONCLUSION

Il ne sera pas inutile, en concluant, de résumer les principales idées que nous avons développées dans ce travail.

Notre but était de chercher ce que serait une morale sans aucune obligation absolue et sans aucune sanction absolue; jusqu'où, dans cette voie, la science positive peut-elle aller, et où commence le domaine des spéculations métaphysiques ?

Rejetant toute *loi* antérieure et supérieure aux *faits*, conséquemment *à priori* et catégorique, nous avons dû partir des faits mêmes pour en tirer une loi, de la réalité pour en tirer un idéal, de la nature pour en tirer une moralité. Or, le fait essentiel et constitutif de notre nature, c'est que nous sommes des êtres vivants, sentants et pensants; c'est à la vie, sous sa forme à la fois physique et morale, que nous avons dû demander le principe de la conduite.

Il est indispensable que ce principe offre un double caractère, car la vie elle-même se dédouble pour ainsi dire chez l'homme en vie inconsciente et vie consciente. La plupart des moralistes ne voient guère que le domaine de la conscience ; c'est cependant l'inconscient ou le subconscient qui est le vrai fond de l'activité. La conscience, il est vrai, peut réagir à la longue et détruire graduellement, par la clarté de l'analyse, ce que la synthèse obscure de l'hérédité avait accumulé chez les individus ou les peuples. La conscience a une force dissolvante avec laquelle l'école utilitaire et même l'école évolutionniste n'ont pas assez compté. De là la nécessité de rétablir l'harmonie entre la réflexion de la conscience et la spontanéité de l'instinct inconscient : il faut trouver un principe d'action qui soit commun aux deux sphères et qui, conséquemment, en prenant conscience de soi, arrive plutôt à se fortifier qu'à se détruire.

Ce principe, nous croyons l'avoir trouvé dans *la vie la*

*plus intensive et la plus extensive possible*, sous le rapport physique et mental. La vie, en prenant conscience de soi, de son intensité et de son extension, ne tend pas à se détruire : elle ne fait qu'accroître sa force propre.

Pourtant, il y a aussi, dans le domaine de la vie, des antinomies qui se produisent par la mise en lutte des individualités, par la compétition de tous les êtres pour le bonheur et, parfois, pour l'existence. Dans la nature, l'antinomie du *struggle for life* n'est nulle part résolue : le rêve du moraliste est de la résoudre ou, tout au moins, de la réduire le plus possible. Pour cela, le moraliste est tenté d'invoquer une loi supérieure à la vie même, une loi *intelligible, éternelle, supra-naturelle*. Cette loi, nous avons renoncé à l'invoquer, au moins comme loi : nous avons replacé le monde intelligible dans le monde des hypothèses, et ce n'est pas d'une hypothèse que peut descendre une loi. De nouveau nous sommes donc obligés d'en appeler à la vie pour régler la vie. Mais alors, c'est une vie plus complète et plus large qui peut régler une vie moins complète et moins large. Telle est en effet la seule règle pour une morale vraiment scientifique.

Le caractère de la vie qui nous a permis d'unir, *en une certaine mesure*, l'égoïsme et l'altruisme — union qui est la pierre philosophale des moralistes — c'est ce que nous avons appelé la *fécondité morale*. Il faut que la vie individuelle se répande pour autrui, en autrui, et, au besoin, se donne ; eh bien, cette expansion n'est pas contre sa nature : elle est au contraire selon sa nature ; bien plus, elle est la condition même de la vraie vie. L'école utilitaire a été forcée de s'arrêter, plus ou moins hésitante, devant cette antithèse perpétuelle du moi et du toi, du mien et du tien, de l'intérêt personnel et de notre intérêt général ; mais la nature vivante ne s'arrête pas à cette division tranchée et logiquement inflexible : la vie individuelle est expansive pour autrui parce qu'elle est *féconde,* et elle est féconde par cela même qu'elle est vie. Au point de vue physique, nous l'avons vu, c'est un besoin individuel que d'*engendrer* un autre individu, si bien que cet *autre* devient comme une condition de *nous-mêmes.* La vie, comme le feu, ne se conserve qu'en se communiquant. Et cela est vrai de l'intelligence non moins que du corps ; il est aussi impossible de renfermer l'intelligence en soi que la flamme : elle est faite pour rayonner. Même force d'expansion dans la sensibilité : il faut que nous partagions notre joie, il faut que nous partagions notre douleur. C'est tout notre être qui est *sociable :* la vie ne connaît pas les classifications et les divisions absolues des logiciens et des métaphysiciens : elle ne peut pas être complètement *égoïste,* quand même elle le voudrait. Nous sommes ouverts de toutes parts, de toutes parts envahissants et envahis. Cela tient à la loi fondamentale que la biologie nous a fournie : *la vie n'est pas seulement nutrition,* elle est *production* et *fécondité.* Vivre, c'est *dépenser* aussi bien qu'*acquérir.*

Après avoir posé cette loi générale de la vie physique et psychique, nous avons recherché comment on peut en faire sortir une sorte d'équivalent de l'obligation. Qu'est-ce, en somme, que l'obligation, pour qui n'admet pas d'impératif absolu ni de loi transcendante ? — Une certaine forme d'impulsion. En fait, analysez « l'obligation morale, » le « devoir, » la « loi morale » : ce qui leur donne le caractère *actif,* c'est l'impulsion qui en est inséparable, c'est la force demandant à s'exercer. Eh bien, c'est cette force impulsive qui nous a paru le premier équivalent naturel du devoir supra-naturel. Les utilitaires sont trop absorbés encore par des considérations de finalité : ils sont tout entiers au *but*, qui est pour eux l'*utilité*, réductible elle-même au *plaisir*. Ils sont hédonistes, c'est-à-dire qu'ils font des plaisirs, sous une forme égoïste ou sympathique, le grand ressort de la vie mentale. Nous, au contraire, nous nous plaçons au point de vue de la causalité efficiente et non de la finalité ; nous constatons en nous une cause qui agit même avant l'attrait du plaisir comme but : cette cause, c'est la *vie* tendant par sa nature même à s'accroître et à se répandre, trouvant ainsi le plaisir comme conséquence, mais ne le prenant pas nécessairement pour *fin*. L'être vivant n'est pas purement et simplement un calculateur à la Bentham, un financier faisant sur son grand livre la balance des profits et des pertes : vivre, ce n'est pas calculer, c'est agir. Il y a dans l'être vivant une accumulation de force, une réserve d'activité qui se dépense non *pour le plaisir* de se dépenser, mais *parce qu'il faut qu'elle se dépense :* une cause ne peut pas ne pas produire ses effets, même sans considération de *fin*.

Nous sommes ainsi arrivé à notre formule fondamentale : le *devoir* n'est qu'une expression détachée du *pouvoir* qui tend à passer nécessairement à l'acte. Nous ne désignons par devoir que le pouvoir dépassant la réalité, devenant par rapport à elle un idéal, devenant ce qui doit être, parce qu'il est ce qui peut être, parce qu'il est le germe de l'avenir débordant déjà le présent. Point de principe surnaturel dans notre morale ; c'est de la vie même et de la force inhérente à la vie que tout dérive : la vie se fait sa loi elle-même par son aspiration à se développer sans cesse ; elle se fait son obligation à agir par sa puissance d'agir.

Nous l'avons montré, au lieu de dire : *Je dois, donc je*

*puis*, il est plus vrai de dire : *Je puis, donc je dois*. De là *l'existence d'un certain devoir impersonnel créé par le pouvoir même d'agir*. Tel est le premier équivalent du *devoir* mystique et transcendant.

Le second équivalent, nous l'avons trouvé dans la *théorie des idées-forces* soutenue par un philosophe contemporain : *l'idée même de l'action supérieure*, comme celle de toute action, *est une force tendant à la réaliser*. L'*idée* est même déjà la *réalisation* commencée de l'action supérieure ; l'obligation n'est, à ce point de vue, que le sentiment de la profonde identité qui existe entre la pensée et l'action ; c'est par cela même le sentiment de l'unité de l'être, de l'unité de la vie. Celui qui ne conforme pas son action à sa plus haute pensée est en lutte avec lui-même, divisé intérieurement. Sur ce point encore l'hédonisme est dépassé ; il ne s'agit pas de calculer des plaisirs, de faire de la comptabilité et de la finalité : il s'agit d'être et de vivre, de se sentir être, de se sentir vivre, d'agir comme on est et comme on vit, de ne pas être une sorte de mensonge en action, mais une vérité en action.

Un troisième équivalent du devoir est emprunté à la sensibilité, non plus, comme le précédent, à l'intelligence et à l'activité. C'est la *fusion croissante des sensibilités* et le *caractère toujours plus sociable des plaisirs élevés*, d'où résulte une sorte de *devoir* ou de nécessité supérieure qui nous pousse encore naturellement et rationnellement vers autrui. En vertu de l'évolution, nos plaisirs s'élargissent et deviennent de plus en plus impersonnels ; nous ne pouvons jouir dans notre moi comme dans une île fermée : notre milieu, auquel nous nous adaptons mieux chaque jour, c'est la société humaine, et nous ne pouvons pas plus être heureux en dehors de ce milieu que respirer hors de l'air. Le bonheur purement égoïste de certains épicuriens est une chimère, une abstraction, une impossibilité : les vrais plaisirs humains sont tous plus ou moins *sociaux*. L'égoïsme pur, avons-nous dit, au lieu d'être une réelle affirmation de soi, est une *mutilation de soi*.

Ainsi, en notre activité, en notre intelligence, en notre sensibilité, il y a une pression qui s'exerce dans le sens altruiste, il y a une force d'expansion aussi puissante que celle qui agit dans les astres : et c'est cette force d'expansion devenue consciente de *son pouvoir* qui se donne à elle-même le nom de *devoir*.

Voilà le trésor de spontanéité naturelle qui est la vie, et qui crée en même temps la richesse morale. Mais, nous l'avons vu, la réflexion peut se trouver en antithèse avec la spontanéité naturelle, elle peut travailler à restreindre tout ensemble le pouvoir et le devoir de sociabilité, lorsque la force d'expansion vers autrui se trouve par hasard en opposition avec la force de gravitation sur soi. La lutte pour la vie a beau être diminuée par le progrès de l'évolution, elle reparaît dans certaines circonstances, qui sont encore fréquentes de nos jours. Sans loi impérative, comment entraîner alors l'individu à un désintéressement définitif, parfois au sacrifice de soi ?

Outre ces mobiles que nous avons précédemment examinés et qui agissent constamment dans les circonstances normales, nous en avons trouvé d'autres que nous avons appelés l'amour du *risque physique* et l'amour du *risque moral*. L'homme est un être ami de la spéculation, non seulement en théorie, mais en pratique. Là où cesse la certitude, ni sa pensée ni son action ne cessent pour cela. A la loi catégorique peut se substituer sans danger une pure hypothèse spéculative ; de même, à la foi dogmatique se substitue une pure espérance et à l'affirmation, l'action. L'hypothèse spéculative est un risque de la pensée ; l'action conforme à cette hypothèse est un risque de la volonté ; l'être supérieur, c'est celui qui entreprend et risque le plus, soit par sa pensée, soit par ses actes. Cette supériorité vient de ce qu'il a un plus grand trésor de force intérieure, il a plus de *pouvoir;* par cela même, il a un *devoir* supérieur.

Le sacrifice même de la vie peut être encore dans certains cas une expansion de la vie, devenue assez intense pour préférer un élan de sublime exaltation à des années de terre à terre. Il y a des heures, nous l'avons vu, où il est possible de dire à la fois : je vis, j'ai vécu. Si certaines agonies physiques et morales durent des années, et si l'on peut pour ainsi dire mourir à soi-même pendant toute une existence, l'inverse est aussi vrai, et l'on peut concentrer une vie dans un moment d'amour et de sacrifice.

Enfin, de même que la vie se fait son obligation d'agir par sa puissance même d'agir, elle se fait aussi sa sanction par son action même, car en agissant elle jouit de soi, en agissant moins elle jouit moins, en agissant davantage elle jouit davantage. Même en se donnant, la vie se retrouve, même en mourant elle a conscience de sa plénitude, qui reparaîtra ailleurs indestructible sous d'autres formes, puisque dans le monde rien ne se perd.

En somme, c'est la *puissance* de la vie et l'*action* qui peuvent seules résoudre, sinon entièrement, du moins en partie, les problèmes que se pose la pensée abstraite. Le sceptique, en morale comme en métaphysique, croit qu'il se trompe, lui et tous les autres, que l'humanité se trompera toujours, que le prétendu progrès est un piétinement sur place ; il a tort. Il ne voit pas que nos pères nous ont épargné les erreurs mêmes où ils sont tombés et que nous épargnerons les nôtres à nos descendants ; il ne voit pas qu'il y a d'ailleurs dans toutes les erreurs de la vérité, et que cette petite part de vérité va peu à peu s'accroissant et s'affermissant. D'un autre côté, celui qui a la foi dogmatique croit qu'il possède, à l'exception de tous les autres, la vérité entière, définitive et impérative ; il a tort. Il ne voit pas qu'il y a des erreurs mêlées à toute vérité, qu'il n'existe encore rien dans la pensée de l'homme d'assez parfait pour être définitif. Le premier croit que l'humanité n'avance pas, le second qu'elle est arrivée ; il y a un milieu entre ces deux hypothèses : il faut se dire que l'humanité est en marche et marcher soi-même. Le travail, comme on l'a dit, vaut la prière ; il vaut mieux que la prière, ou plutôt il est la vraie prière, la vraie providence humaine : agissons au lieu de prier. N'ayons espoir qu'en nous-mêmes et dans les autres hommes, comptons sur nous. L'espérance, comme la providence, voit parfois devant elle (*providere*). La différence entre la providence surnaturelle et l'espérance naturelle, c'est que l'une prétend modifier immédiatement la nature par des moyens surnaturels comme elle, l'autre ne modifie d'abord que nous-mêmes ; c'est une force qui ne nous est pas supérieure, mais intérieure : c'est nous qu'elle porte en avant. Reste à savoir si nous allons seuls, si le monde nous suit, si la pensée pourra jamais entraîner la nature ; — avançons toujours. Nous sommes comme sur le Léviathan dont une vague avait arraché le gouvernail et un coup de vent brisé le mât. Il était perdu dans l'océan, de même que notre terre dans l'espace. Il alla ainsi au hasard, poussé par la tempête, comme une grande épave portant des hommes ; il arriva pourtant. Peut-être notre terre, peut-être l'humanité arriveront-elles aussi à un but ignoré qu'elles se seront créé à elles-mêmes. Nulle main ne nous dirige, nul œil ne voit pour nous ; le gouvernail est brisé depuis longtemps ou plutôt il n'y en a jamais eu, il est à faire : c'est une grande tâche, et c'est notre tâche.

FIN.

# TABLE DES MATIÈRES

Introduction............................................... 1

## LIVRE PREMIER

### DU MOBILE MORAL AU POINT DE VUE SCIENTIFIQUE

Chap. I<sup>er</sup>. — L'intensité de la vie est le mobile de l'action........ 7
II. — La plus haute intensité de la vie a pour corrélatif nécessaire sa plus large expansion.............. 18
III. — Dans quelle mesure le mobile de l'activité peut créer une sorte d'obligation. — Pouvoir et devoir...... 26
IV. — Le sentiment de l'obligation au point de vue de la dynamique mentale........................ 35

## LIVRE DEUXIÈME

### DIVERS ESSAIS POUR JUSTIFIER MÉTAPHYSIQUEMENT L'OBLIGATION

Chap. I<sup>er</sup>. — Morale du dogmatisme métaphysique. — I. L'hypothèse optimiste. Providence et immortalité. — II. L'hypothèse pessimiste. — III. L'hypothèse de l'indifférence de la nature...................................... 63
II. — I. Morale de la certitude pratique. — II. Morale de la foi. — III. Morale du doute.................... 107

## LIVRE TROISIÈME

### CRITIQUE DE L'IDÉE DE SANCTION

Chap. 1er. — Critique de la sanction naturelle et de la sanction morale............................................. 139
II. — Principes de la justice pénale ou défensive dans la société................................................ 158
III. — Critique de la sanction intérieure et du remords.... 177
IV. — Critique de la sanction religieuse et métaphysique... 186

## LIVRE QUATRIÈME

### DERNIERS ÉQUIVALENTS POSSIBLES DU DEVOIR

Chap. 1er. — Équivalent du devoir tiré des plaisirs du risque et de la lutte....................................... 205
II. — Équivalent tiré du risque métaphysique : l'hypothèse.
    I. Le risque métaphysique dans la spéculation.... 226
    II. Le risque métaphysique dans l'action......... 238
    III. Conclusion................................ 243

Paris. — Imp. E. Capiomont et V. Renault, rue des Poitevins, 6.

www.ingramcontent.com/pod-product-compliance
Lightning Source LLC
Chambersburg PA
CBHW050331170426
43200CB00009BA/1548